W0407081

pauker.

Abschluss2022
Hauptschulprüfung Hessen

Name: ______

Schule: ______

Klasse: ______

hutt
lernhilfen

Redaktionsadresse:
Unterhäuser Straße 1 · 70597 Stuttgart
T 0711 767150 · F 0711 7671511
info@pauker.de · www.pauker.de

hutt.lernhilfen ist eine Marke der
Bergmoser + Höller Verlag AG
Karl-Friedrich-Straße 76
52072 Aachen

T 0241 93888123
F 0241 93888188
kontakt@buhv.de

Umsatzsteuer-Id.Nr.: DE 123600266
Verkehrsnummer: 10508
Handelsregister Aachen HRB 8580

Vorstand:
Andreas Bergmoser
Peter Tiarks

Aufsichtsratsvorsitz:
Holger Knapp

Autorinnen/Autoren:
Isolde Beste, Jonathan Grimm, Jasmin Johner (Deutsch)
Maike Grimm, Günther Wirth, Werner Wirth (Mathe)
Peter Brysch, Joachim Krick (Englisch)

Lektorat:
Antonia Aleker, Peter Brysch, Jasmin Johner, Dr. Maria Karafiat,
Claus Keller, Kevin Koch, Wolfgang Kolander, Magdalena Noack

Gestaltung: Hanne Hutt

Umschlag:
Konzeption + Gestaltung:
Hanne Hutt
Fotografie:
Anna Leippe

Ausgabe 2021/2022

ISBN: 978-3-88997-847-9

klimaneutral
Printprodukt
natureOffice.com | DE-077-178633

FSC
MIX
Papier aus verantwortungsvollen Quellen
FSC® C104521

KEINE MACHT DEN DROGEN

Inhaltsverzeichnis

Deutsch – Lösungen

Die Lösungsvorschläge in den Schreibaufgaben sind als Orientierungshilfen gedacht. Andere Lösungen werden dadurch keineswegs ausgeschlossen.

Mathematik – Lösungen

Die Lösungswege in Mathematik orientieren sich am Bildungsplan des Hauptschulbildungsgangs Hessen.

Englisch – Lösungen

Die Lösungsvorschläge im Teil „Text Production" sind als Orientierungshilfen gedacht. Andere Lösungen werden dadurch keinesfalls ausgeschlossen.

Teil I: Lesen

1. Geschlossene Aufgabenformate

1. Richtige Antwort ankreuzen

a) ☒ 40 verschiedene Gesichtsmuskeln.
b) ☒ Sartorius.
c) ☒ ist unserem Willen unterworfen.
d) ☒ bestimmt unsere Körperhaltung.
e) ☒ feine Risse und Blutergüsse im Muskel.

2. Richtige Antwort ankreuzen

☒ A und C sind richtig.

3. Richtige Antwort ankreuzen

☒ C und D sind richtig.

4. Richtige Antwort ankreuzen

a) ☒ Irene.
b) ☒ aus Deutschland.
c) ☒ in einem Supermarkt.
d) ☒ aufgrund ihres Äußeren für eine Türkin.
e) ☒ Die Kassiererin entschuldigt sich daraufhin.

5. Richtige Antwort ankreuzen

☒ A, B und D sind richtig.

6. Richtige Antwort ankreuzen

☒ A und D sind richtig.

2. Halboffene Aufgabenformate Ergänzungsaufgaben, Lückentexte etc.

1. Textstellen

Satz	Zeile(n)
Ohne Muskeln könnte man gar nicht leben, denn – wer hätte das gedacht – der wichtigste Muskel im menschlichen Körper ist das Herz.	4ff
Wenn man zum Beispiel eine Gänsehaut bekommt, sorgt die Muskulatur unter der Haut dafür, dass die Härchen sich aufstellen.	13f
Sie hält unseren Körper nicht nur in Bewegung, sondern bestimmt auch unsere Körperhaltung.	35ff
Das passiert meist dann, wenn man sich und seine Muskeln vor dem Sport nicht ausreichend aufgewärmt hat.	43ff

2. Textstellen

a) Der Elefant vereint List mit Stärke. (Zeile 3)
b) Wo dieses Tier war, führt eine breite Spur. (Zeile 8)
c) Seine Ohren sind verstellbar: Er hört nur, was ihm paßt. (Zeile 14)
d) Er ist nicht eßbar. (Zeile 27)

3. Lückentext

a) Elefanten sind **Freund/beliebt** und **Feind/gefürchtet** zugleich.
b) Auch kleine Speisen wie Nüsse kann der Elefant durch seinen **Rüssel** dem enormen Körper zuführen.
c) Seine Haut ist **dick**, aber sein Gemüt ist **zart**.

4. Eigenschaften des Elefanten

Eigenschaft	Zeile(n)
Vereint List mit Stärke	3
Gutmütig, versteht Spaß, fröhlich	8f und 29
Guter Freund und Feind, beliebt und gefürchtet	10 und 17
Groß, schwer und schnell	11
Geschickter Rüssel	12f
Verstellbare Ohren, hört nur, was ihm passt	14
Wird sehr alt	15
Gesellig	16
Dicke Haut, grau	20 und 26
Zartes Gemüt	21
Kann traurig werden	22
Tanzt gerne	23
Stirbt im Dickicht	24
Liebt Kinder und andere kleine Tiere	25
Nicht essbar	27
Arbeitsam	28
Trinkt gerne	29
Elfenbeinlieferant	30

5. Zahlen zuordnen

Ereignis	Zahl/Datum
Fertigstellung der Semmeringbahn	1854
Anzahl der Arbeiter während der Blütezeit der Bauperiode	20 000
Tod von 14 Arbeitern	1850
Normale Sterbefälle in der Pfarre Klemm	20
Höhepunkt Cholera- und Typhusepidemie	1850
Tote durch Epidemie	1850 → 303 1851 → 282 1852 → 178
Arbeiter, die aus Angst vor Ansteckung flüchteten	1100

6. Merkmale zuordnen und begründen

Person	Merkmale	Zeile(n)	Begründung
Irene	1,52 klein, schwarzäugig und -haarig, nachgewiesen arisch	3 und 6	Ihre äußerlichen Merkmale entsprechen eher denen einer Südländerin. Sie wird dadurch nicht auf den ersten Blick als Deutsche wahrgenommen. Das bildet die ideale Grundlage für Vorurteile und steht im Kontrast zum Äußeren der Kassiererin.
Kassiererin	blond und blauäugig	21	Entspricht dem typisch deutschen Klischee. Sie wird dadurch zur Musterdeutschen, bei der kein Zweifel an ihrer Herkunft bleibt.

3. Halboffene Aufgabenformate
Angeleitete Textarbeit

1. Arten von Schmerz erläutern

Der Text unterscheidet zwischen dem körperlichen Schmerz, den man sofort nach einer Gewalttat spürt, und dem seelischen Schmerz, den man ein Leben lang empfinden kann.

2. Das Schweigen des Mädchens begründen

Das Mädchen hat das Gefühl, den Schmerz alleine tragen zu müssen, weil sie ihre Schwestern und ihren Vater schützen, bzw. nicht belasten will. (vgl. Z. 32 ff.)

3. Aussage erklären

Mit der Aussage ist gemeint, dass die Ungerechtigkeit, zu Unrecht bestraft worden zu sein, mehr weh tut als der Schlag gegen die Beine.

4. Textstellen zitieren

- „Sie kann den Schmerz nicht vergessen." (Überschrift, Z. 1)
- „Wenn sie im Fernsehen jemanden sieht, der zu Unrecht geschlagen wird, spürt sie es erst in den Knien und dann im ganzen Körper." (Z. 37 ff.)
- „Meine Tante ist jetzt fast sechzig, und sie sagt, sie kann diesen Schmerz nicht vergessen." (Z. 42 ff.)

5. Darstellung der Veränderung

- früher Tausende dieser Papageien in Neuseeland
- nach Besiedlung durch europäische Einwanderer, schrumpfen auf eine Handvoll
- Tod durch mitgebrachte Raubtiere wie Katzen, Frettchen und Ratten
- Flugunfähigkeit der Kakapos durch lange Abwesenheit von natürlichen Feinden
- heutzutage fast schutzlos
- früher war Adler der größte Feind, jagte auf Sichtkontakt
- heutige Feinde jagen nach Geruch, Kakapos haben einen starken, moschusartigen Duft

6. Beispiele für die Bedrohung der Kakapos

- Besiedlung durch europäische Einwanderer
- Fläche wurde für Bauernhöfe gebraucht
- Tiere von anderen Kontinenten (Europa) wurden mitgebracht (Katzen, Frettchen, Ratten)
- nutzlose Schutzstrategie der Kakapos
- brauchen sehr lang für Fortpflanzung

7. Aussagen erläutern

Mit der ersten Aussage ist gemeint, dass der Kakapo vor der Besiedlung durch europäische Einwanderer so gut wie keine natürlichen Feinde hatte. Er musste sich nicht fürchten und das führte irgendwann dazu, dass die Kakapos ihre Flugfähigkeit verloren haben. Statt des Fliegens als Schutz entwickelte sich über die Jahrtausende bei den Kakapos ein anderer Schutzmechanismus. Er fliegt nicht weg, sondern verhält sich bewegungslos und setzt seine Federn zur Tarnung ein. Mit der zweiten Aussage ist somit gemeint, dass der neue Schutzmechanismus zwar fest verankert, heutzutage aber gegenüber Feinden völlig nutzlos ist.

Teil II: Schreiben

A. Textproduktion

Verfassen eines eigenen Textes

1. Stellungnahme

Die Aussage „No risk, no fun" stellt für viele ein wahres Lebensmotto dar. Jeden Tag riskieren sie aufs Neue ihre Gesundheit, nur um einen Kick zu bekommen. Besonders die sogenannten Funsportarten, wie Eisklettern, Kitesurfen oder Bungee-Jumping, sind oft mit einem hohen Risiko verbunden. Beim Bungee-Jumping ist das Risiko sehr hoch, sich bei schlechter Ausrüstung Muskeln zu überdehnen oder Knochenbrüche zuzuziehen.

Aber warum fasziniert gerade das, was offensichtlich auch gefährlich ist? Ich denke, das liegt daran, dass sich in unserer schnelllebigen Gesellschaft sehr leicht ein Gewöhnungseffekt für viele Dinge einschleicht. Und was ist schon langweiliger, als gewöhnlich zu sein? Der Wunsch, sich aus der Masse abzuheben und etwas Besonderes zu machen, bringt sicher viele dazu, sich einem Risiko auszusetzen, um etwas zu erleben. Der Ausspruch „Ohne Risiko kein Spaß" ist daher kritisch zu bewerten. Was ist, wenn auch dieses Risiko nicht mehr ausreicht, um einen Kick zu erzeugen? Wenn dieser Fall eintritt, dann reicht bloßes Risiko nicht mehr aus, sondern man wird leichtsinnig oder gar lebensmüde. Das könnte dann so aussehen, dass man ohne Absicherung und nötige Vorkenntnisse eine Felswand hinaufklettert.

Das Motto „No risk, no fun" kann auch auf andere Bereiche übertragen werden, wie zum Beispiel das Flatrate-Trinken. Wer nicht riskiert, mit einer Alkoholvergiftung im Krankenhaus zu landen, der hat auf der Party auch keinen Spaß. Das finde ich absolut daneben. Daher sollte immer genau überdacht werden, wann sich ein Risiko lohnt und es auch noch Spaß macht und ab wann es nur noch dumm und lebensgefährlich ist.

Ich finde, ein gewisses Maß an Abenteuer ist gut, aber man sollte es nicht übertreiben.

2. Artikel

Globalisierung birgt auch Risiken

Die Welt vernetzt sich immer mehr. Moderne Transport- und Kommunikationsmittel ermöglichen uns nicht nur das Reisen, sondern auch den internationalen Austausch in Wirtschaft und Politik. Die Welt wächst zusammen und wird durchlässiger. Leider gilt dies auch für die Ausbreitung von Krankheiten. Bereits in der Vergangenheit haben beispielsweise Fälle von Vogel- und Schweinegrippe gezeigt, wie schnell plötzlich viele Teile der Welt von der gleichen Krankheit betroffen sind. Doch spätestens mit dem Ausbruch des Corona-Virus im Jahr 2020 wurde klar, welche schwerwiegenden Folgen eine Pandemie in einer vernetzten Welt für jeden Einzelnen hat. Durch moderne Transportmöglichkeiten, wie zum Beispiel das Flugzeug, werden Krankheiten in kürzester Zeit über den Erdball verstreut. Deshalb wird heute auch nicht mehr von einer Epidemie, einem örtlich begrenzten Ausbruch einer Krankheit, sondern von einer Pandemie, einer weltweiten Verbreitung einer bestimmten Krankheit, gesprochen.

Die zunehmende Globalisierung birgt also auch das Risiko einer flächendeckenden Ansteckung. Dieses Risiko darf nicht unterschätzt werden und wird uns in Zukunft noch häufiger mit Problemen konfrontieren. Denn durch den intensiven weltweiten Austausch besteht auch die Möglichkeit, dass sich neue Krankheitserreger bilden beziehungsweise bestehende Erreger mutieren. Umso wichtiger ist es, dieses Problem auch gemeinsam zu lösen.

3. Tagebucheintrag

Ich kann den Schmerz nicht vergessen. So viele Jahre sind nun schon seitdem vergangen und trotzdem fühle ich diesen Schmerz ein Leben lang. Als mich als kleines Mädchen der Schlag meiner Stiefmutter wie aus dem Nichts traf, blieb mir vor Schmerz die Luft weg. Doch als ich die Ungerechtigkeit bemerkte, wurde der Schmerz noch viel größer. Ich hatte die Strafe nicht verdient und habe mich so hilflos gefühlt. Ich wusste nicht, was ich tun sollte – konnte mich weder wehren noch einfach weitermachen, war wie gelähmt. Ich hatte das Gefühl, mich niemandem anvertrauen zu können, vor allem, weil ich meine Schwestern und meinen Vater schützen bzw. schonen wollte. So konnte ich diese Ereignisse nicht verarbeiten und es tut mir heute noch weh, wenn jemand zu Unrecht geschlagen wird. Denn für Schläge gibt es keinen gerechten Grund. Dann spüre ich noch immer diesen Schmerz von damals. Ich kann ihn einfach nicht vergessen.

4. Interview

Interviewer: Hallo Nyia. Es freut mich sehr, dass Sie Zeit gefunden haben, um mit uns über die bedrohten Kakapos zu sprechen. Im letzten Jahr haben sich die Abschlussklassen in einem Projekt mit bedrohten Tierarten in Neuseeland beschäftigt. Was können Sie uns in diesem Zusammenhang über die Kakapos erzählen?

Nyia: Die Kakapos sehen aus wie eine Kreuzung aus Wellensittich und Eule. Sie sind ein echtes Schwergewicht unter den Papageien und dazu nachts aktiv.

Interviewer: Wie kam es dazu, dass diese Papageien heute vom Aussterben bedroht sind?

Nyia: Dafür sind mehrere Punkte ausschlaggebend. Früher war der größte Feind der Kakapos ein riesiger Adler, der über Sichtkontakt gejagt hat. Aus diesem Grund haben sich die großen Papageien eine Schutzstrategie angeeignet, die daran angepasst war. Sie verhielten sich regungslos und nutzten ihre Federn als Tarnung. Das funktioniert heute allerdings nicht mehr. Als nämlich die europäischen Einwanderer nach Neuseeland kamen, brachten sie Raubtiere mit, wie Katzen, Frettchen oder Ratten. Diese folgen Gerüchen, wenn sie jagen.

Interviewer: Inwieweit ist das denn nun gefährlich für die Kakapos? Kann man diese riechen, und warum fliegen sie nicht einfach davon?

Nyia: Sie verströmen tatsächlich einen starken moschusartigen Geruch. Tja, und das Fliegen, das haben sie im Laufe der Jahrtausende verlernt. Sie haben es ja schließlich nicht mehr gebraucht. Und das wird ihnen heute zum Verhängnis.

Interviewer: Ach, so ist das. Kann diese Tierart durch bewusste Nachzuchten gerettet werden?

Nyia: Wir versuchen es. Aber leider lassen sich die Kakapos mit der Fortpflanzung viel Zeit. Bei Männchen dauert es fünf Jahre bis zur Geschlechtsreife, die Weibchen lassen sich noch mehr Zeit. Aber dennoch ist es uns vor Kurzem gelungen, 34 Kakapos großzuziehen. Eine Mehrzahl leider mit der Hand, aber immerhin konnten ein paar zu ihren Müttern zurückkehren. Für uns ist es ein echter Glücksfall, dass so viele kleine Papageien ausgeschlüpft sind.

Interviewer: Was passiert nun mit den jungen Kakapos?

Nyia: Sie werden an geheimen Plätzen in der Wildnis ausgesetzt. Wir hoffen natürlich, dass sich langfristig die Anzahl auch in freier Natur lebender Kakapos wieder erhöht.

Interviewer: Gibt es auch eine Möglichkeit, einen Kakapo einmal aus der Nähe zu sehen?

Nyia: Die gibt es tatsächlich. Denn der erste Kakapo, der aufgrund einer Krankheit nicht mehr in die Wildnis entlassen werden konnte, ist inzwischen so an Menschen gewöhnt, dass er sich mit seinen Artgenossen nicht mehr versteht. Er heißt Sirocco. Besucher können ihm ganz nah sein und somit diesen seltenen Papagei ganz aus der Nähe betrachten. Wir hoffen natürlich, dass unsere Arbeit langfristig dazu führt, dass sich die Kakapos wieder vermehren.

Interviewer: Ich glaube, dass viele unserer Schülerinnen und Schüler begeistert wären, einmal einen Kakapo zu sehen. Ich wünsche Ihnen für Ihr Programm auch im Namen unserer Schülerinnen und Schüler weiterhin alles Gute. Vielen Dank für das interessante Interview und gute Heimreise.

Nyia: Danke, gern geschehen. Tschüss.

5. Erzählung

Ein toller Freund

Eines Morgens, ich war noch gar nicht richtig wach, hörte ich vor unserem Haus ein leises Geräusch. Ich war mir nicht sicher, ob es noch Teil meines Traumes war oder doch Wirklichkeit. Müde schlug ich die Augen auf, schlüpfte in meine Flip-Flops und ging zur Terrassentür. Als ich diese öffnete, kam mir die kühle Morgenluft entgegen und die Sonne kitzelte meine Nase. „Wie schön es hier in **Neuseeland** ist", dachte ich, als ich auf einmal wieder ein leises Geräusch wahrnahm. Also war es doch kein Traum gewesen. Ich schlich die Stufen zum Garten hinunter. Mir war ein bisschen mulmig zumute, schließlich war ich hier nicht zu Hause, sondern Tausende von Kilometern weit weg. Aber dann beruhigte mich der Gedanke, dass in Neuseeland keine gefährlichen Tiere leben.

Ich ging also weiter. Als ich gerade die Zweige eines Busches zur Seite bog, berührte mich sachte etwas an meinem nackten Bein. „Hilfe! Oh Gott, was war das denn?", kreischte ich lauthals. Meine Tante, bei der ich hier meine Ferien verbrachte, rannte blitzschnell aus dem Haus. Sie stand nur mit einem Nachthemd bekleidet vor mir. „Pia, was ist los? Warum schreist du denn so?", fragte sie besorgt. „Hinter dem Busch, da ist etwas Seltsames. Es hat mich gestreift und Geräusche macht es auch", erklärte ich. Meine Tante ging zu dem Busch, den ich ihr zeigte und bog erneut die Zweige zur Seite. Vor uns auf dem Boden saß leise piepsend ein **Papageienküken**. Es blickte uns **scheu** von unten an. „Das ist ein Kakapo, die sind unglaublich selten. Siehst du irgendwo ein Nest oder vielleicht sogar die Eltern des Kleinen?", fragte meine Tante. Ich suchte im ganzen Garten und sogar noch in der Nachbarschaft, aber nirgends konnte ich auch nur annähernd etwas finden, das aussah wie ein Papagei.

Wir mussten etwas unternehmen, denn ansonsten würde das **hilflose** Küken einem Raubtier zum Opfer fallen. Für Katzen, Frettchen oder Ratten war so ein kleiner Vogel ein gefundenes Fressen. Und wir konnten schließlich auch nicht die ganze Zeit auf ihn aufpassen. Meine Tante beschloss, die **Auffangstation** anzurufen und um Rat zu fragen. „Was haben sie gesagt?", wollte ich neugierig wissen. Meine Tante antwortete: „Sie werden vorbeikommen und den Kleinen abholen. Wie du weißt, haben Kakapos in der Wildnis so gut wie keine Chance zu überleben, da ihnen jeder Abwehrmechanismus fehlt. Das würde er nicht mal ein paar Stunden schaffen. Ich frage mich bloß, wie er hierher gekommen ist." Achselzuckend ging meine Tante ins Haus, um ein paar Körner zu holen.

Keine halbe Stunde später waren sie da, die Leute von der Auffangstation. Sie erklärten mir, dass es sich bei unserem Küken nicht um einen Kakapo handelt, sondern um eine andere Art. Dennoch sei es gut, dass wir sie angerufen haben. „Die Mutter ist wahrscheinlich getötet worden und jetzt weiß der Kleine hier nicht mehr, wohin. Wir werden ihn wohl mit der Hand

aufziehen müssen. Wenn du magst, kannst du ja morgen mal vorbeikommen und uns ein bisschen helfen", sagte der Mann von der Auffangstation. Diese Idee fand ich großartig. Die ganzen restlichen Ferien fuhr ich täglich zur Station, um Pia zu besuchen. Sie haben den Papagei tatsächlich nach mir benannt, als klar war, dass es gar kein Er, sondern eine Sie ist.

B. Sprachliche Richtigkeit

1. Groß- und Kleinschreibung

1. Richtige Schreibweise

a) Meine beste Disziplin ist das Laufen.

b) Die Detektive suchten vergeblich nach den verschwundenen Menschen.

c) Unser Lehrer konnte uns viel Interessantes in Mathe beibringen.

d) Meine Freundin und ich hatten ereignisreiche Ferien.

2. Lückentext

Medizinisch gesehen ist **N**ichtstun unerlässlich – wie das **A**tmen, **T**rinken oder **E**ssen. In der Schule werden nicht nur Leistungen abgerufen, sondern die Kinder raufen auch untereinander um Positionen auf der Beliebtheitsskala. Wer den ganzen **V**ormittag in einem Zwangskorsett steckt, der braucht am Nachmittag, an den Wochenenden und in den **F**erien **Ph**asen der Erholung.

3. Groß- oder Kleinschreibung

a) ☒ frischen

b) ☒ Verschütteten

c) ☒ Wissenswertes

4. Entscheiden und begründen

a) Fröhlichkeit: wird großgeschrieben, da die Endung -keit ein Hinweis auf ein Nomen ist
b) etwas Spannendes: wird großgeschrieben, da das Begleitwort „etwas" einen Hinweis darauf gibt
c) paddeln: wird kleingeschrieben, da es kein Begleitwort oder Ähnliches aufweist und daher ein normales Verb ist
d) Grafschaft: wird großgeschrieben, da die Endung -schaft ein Hinweis auf ein Nomen ist
e) im Guten: wird großgeschrieben, da es sich um eine Präposition mit nominalisiertem Adjektiv handelt
f) leise: wird kleingeschrieben, da es kein Begleitwort oder Ähnliches aufweist und daher ein normales Adjektiv ist

2. Getrennt- und Zusammenschreibung

1. a) Peinlich sauber

Ein Chinese eröffnete in Deutschland eine Gaststätte mit einer **riesig großen** Auswahl an Speisen aus seinem Heimatland. Anfangs kamen die Gäste zahlreich.
Freudestrahlend hoffte er, dass es so bleibt, denn das Restaurant war immer gründlich gereinigt, **soweit** man sehen konnte. Der Wirt hatte dem Personal befohlen, alles mit Seife **sauber zu machen**. **Nachdem** die Gäste nach dem ersten Besuch nicht **wiederkamen**, bedrängte er **angsterfüllt** einen Gast, ihm den Grund **preiszugeben**. Der Gast antwortete: „Das Essen mag chinesisch fein sein, es schmeckt aber **seifig zart**."

b) Hochvornehm

Ein vornehmes Restaurant war bekannt für sein wirklich **hervorragendes** Essen und die passende Umgebung. **Zartgelbe** Servietten und **blendend weiße** Tischtücher gehörten zur normalen Ausstattung. Leider waren die Essensportionen nicht entsprechend groß. Ein richtig hungriger Gast fühlte sich **irregeführt** und war **bitterböse**, weil sein Hunger ungestillt blieb. Nach dem Menü fragte der Kellner den Gast: „Wie haben Sie das Beefsteak gefunden, mein Herr?" „Rein zufällig, **nachdem** ich die Kartoffel **wegschob**", antwortete der Gast. Seitdem sollen die Portionen in dem Restaurant nicht mehr **winzig klein** gewesen sein.

2. Getrennt- oder Zusammenschreibung

a) Ich gehe auf eine ~~allgemein bildende~~ **allgemeinbildende** Schule.
b) Meine Freunde sollten meine Eltern ~~auseinander halten~~ **auseinanderhalten** können.
c) Matrosen tragen ~~blaugestreifte~~ **blau gestreifte** Uniformen. (Zusammenschreibung auch möglich)
d) Mit dieser fiesen Erkältung solltest du dich lieber ~~krank schreiben~~ **krankschreiben** lassen.
e) Er wurde von jeglicher Schuld ~~frei gesprochen~~ **freigesprochen**.
f) Nach einem heftigen Streit sollte man nicht wortlos ~~auseinander gehen~~ **auseinandergehen**.
g) Andreas hat in Mathe wirklich ~~hervor ragende~~ **hervorragende** Noten.

3. Verbindung mit „irgend"

a) ~~Irgend jemand~~ **Irgendjemand** schreibt mir heimlich Briefe.
b) ~~Irgendsoein~~ **Irgend so ein** Blödmann hat mein Getränk umgeworfen.
c) ~~Irgend etwas~~ **Irgendetwas** war mit den Pilzen nicht in Ordnung.

4. Verbindung mit Adjektiven

a) Wenn man ~~allein stehend~~ **alleinstehend** ist, langweilt man sich oft.
b) Wenn unser Kater sauer ist, dann ist er ~~gemein gefährlich~~ **gemeingefährlich**.
c) Heutzutage sind Frauen und Männer in den meisten Fällen ~~gleich berechtigt~~ **gleichberechtigt**.
d) Den Vortrag hat er vor der gesamten Klasse ~~freigesprochen~~ **frei gesprochen**.
e) Draußen war es ~~bitter kalt~~ **bitterkalt**.

3. Rechtschreibstrategien anwenden

1. „ä" oder „e"?

Der Ernährungswissenschaftler wählt genau aus, welche Lebensmittel gut für den Körper sind. Ausgewogen ist das Stichwort. Schlechte Essgewohnheiten werden nämlich vermehrt zum Problem. Dabei ist es egal, ob zu wenig, zu fettig oder zu süß gegessen wird. Immer mehr Menschen leiden schon jetzt unter den Folgen von Mangelerscheinungen und Fehlernährung. Die frühzeitige Aufklärung ist das A und O, damit es erst gar nicht so weit kommt.

2. „d" oder „t"?

Laterne, laufend, schauderhaft, Jagd, jetzt, redlich, Pudel, betonen, brodeln, Pute, Podest, verwandt, Skat, jodeln, Patent, lodern, Bote, Idol, Produkt, Kandidat

3. „b" oder „p"?

Alpen, Diplom, Amboss, Roboter, Mops, Album, unpassend, stupsen, Gips, Sirup, Wabe, Raps, Substanz, Tablette, Lupe, Republik, Lump, Drops, vibrieren

4. Zuordnen

a) Bilde zu den Nomen den Plural.
- Erfolg – Erfolge
- Zweig – Zweige
- Dieb – Diebe
- Berg – Berge

b) Bilde zu den Verben den Infinitiv.
- schreibt – schreiben
- fragst – fragen
- zeigt – zeigen
- liebt – lieben

c) Ergänze zu den Adjektiven ein Nomen.
- blond – blondes Mädchen
- gelb – gelbes Hemd
- schräg – schräge Wand
- rot – rote Hose

5. „ent-" oder „end-"?

ent- entfernt, entschuldigen, entdecken, entspannen, entwickeln, entstehen, enttäuschen, entgegen, entzwei, entzünden, entziffern

end- Endrunde, endgültig, Endpunkt, Endsilbe, Endbuchstabe, Endspiel

6. Kreuze die Strategie an, die zur richtigen Schreibweise führt. Das falsch geschriebene Wort ist schon durchgestrichen.

			Man verlängert das Wort.	Man sucht den Wortstamm.	Man achtet auf die Vokallänge.
a.	die Häuser	~~die Heuser~~		X	
b.	~~das Schloß~~	das Schloss			X
c.	er schlägt	~~er schlegt~~	X		
d.	~~der Tak~~	der Tag	X		
e.	~~knalen~~	knallen			X
f.	der Flug	~~der Fluk~~	X		

4. Dass oder das?

1. „s" oder „ss" ergänzen

Heutzutage kommt es immer häufiger vor, da**ss** bereits Kinder ein Handy besitzen. Eltern fühlen sich sicherer, wenn sie ihre Kinder ständig erreichen können. Für die Kinder selbst ist der Sicherheitsaspekt eher unwichtig. Da**s** erste eigene Handy bedeutet vielmehr, da**ss** sie ab jetzt dazugehören, cool sind.
Da**ss** da**s** mobile Telefongerät inzwischen zu weit mehr als nur zum Telefonieren genutzt wird, bringt wieder neue Probleme mit sich. Schnell kann ein vermeintlich lustiges Video, da**s** auf der letzten Party gedreht wurde, die ganze Schule zu Gesicht bekommen.

2. Falsche Buchstaben durchstreichen

a) Da**s** ist aber sehr schön, da**ss** meine Mutter mir beim Lernen hilft.
b) Meine Mutter sagt, da**ss** ich nicht so spät ins Bett gehen soll.
c) Manchmal wache ich sogar auf, ohne da**ss** ich den Wecker gehört habe.
d) Da**ss** da**s** Haus abgebrannt ist, finde ich schlimm.

3. Falsche Möglichkeit durchstreichen

Zu Hause angekommen stellte Maria fest, **dass** sie ihre Schultasche im Bus vergessen hatte. **Das** war jetzt schon das zweite Mal diese Woche, **dass** ihr **das** passierte. Jetzt musste sie wieder an die Endhaltestelle fahren, dort in **das** Fundbüro gehen und hoffen, da**ss** jemand die Tasche abgegeben hatte.

4. Richtige Schreibweise

a) Kannst du das/~~dass~~ kleine Häuschen sehn, das/~~dass~~ da drüben am Waldrand steht?
A **R**

b) Ohne Jacke nach draußen zu gehen, das/~~dass~~ war keine so gute Idee.
R

c) Ich war verwundert, ~~das~~/dass meine scheinbar schlafende Mutter mitbekommen hat,
K
~~das~~/dass ich mich aus dem Haus geschlichen habe.
K

d) Etwas zu sehen, das/~~dass~~ im Verborgenen liegt, bedeutet manchmal mehr als das/~~dass~~
R **A**
Offensichtliche.

5. Wörter auf Doppelkonsonanten prüfen

1. „k" oder „ck"?

a) Ein Ru**ck**sa**ck** ist pra**k**tisch beim Wandern.
b) Die Ta**k**ti**k** beim Beobachten von Ku**ck**ucken ist wichtig.
c) Der Vertrag ist in tro**ck**enen Tüchern.
d) Das Kinofieber hat mich star**k** gepa**ck**t.
e) Der Bauer ha**ck**t den Boden.
f) Im Wer**k**unterricht arbeiten wir mit Holz.

2. Begründung für Doppelkonsonanten

a) **frisst** → Bilden des Infinitivs: fres-sen (Regel 1)
b) **Himmel** → Vorsagen der Trennung zwischen zwei Silben: Him-mel (Regel 2)
c) **Wasser** → Vorsagen der Trennung zwischen zwei Silben: Was-ser (Regel 2)
misst → Bilden des Infinitivs: mes-sen (Regel 1)
d) **schwimmt** → Bilden des Infinitivs: schwim-men (Regel 1)
schnell → Auf einen kurz gesprochenen Vokal folgt ein Doppelkonsonant (Regel 1)

3. Doppelkonsonanten

Diesen **Sommer** vor den großen Ferien haben wir in der **Schule** einen **Wettbewerb** veranstaltet. Es ging darum, wer am **schnellsten** einmal um das Schulhaus **rennen konnte**. Natürlich wollten wir alle **gewinnen** und nicht als **Letzte** im Ziel **ankommen**.
Obwohl es an diesem Tag regnete, **blitzte** und **donnerte**, ließen wir uns nicht **aufhalten** und schon bald stand der Sieger fest: Es war zu unser aller **Überraschung** der **dicke** Matze.

4. Doppel- oder Einzelkonsonanten

a) Doppelhaushälfte
b) Rolle, Matte
c) Wellenreiten
d) Regentonne

6. Lang gesprochene Vokale

1. „i", „ie" oder „ieh"?

Immer w**ie**der kriegen sich Sarah und Maren in die Haare. Es w**i**derstrebt ihnen, sich ein Zimmer zu teilen und das mit v**ie**rzehn und s**ie**bzehn. Z**ie**mlich gemein, wie sie f**i**nden. Keiner ihrer Freunde muss das durchmachen. Ständig versuchen sie, voreinander zu fl**ieh**en und prob**ie**ren alles, um mal alleine zu sein. Jetzt wollen sie bei ihren Eltern protest**ie**ren und damit den S**ie**geszug für zwei Zimmer starten.

2. Tabelle ausfüllen

Vokal	einfacher Vokal	Verdopplung	Dehnung mit h
a	Wal	Saal	Wahl
e	reden	Beere	Mehl
i	Igel	Sieg	ihm / Vieh
o	Sog	Boot	Wohnung
u	klug	keine	Fuhrwerk
ä	Mädchen	keine	gähnen
ö	Größe	keine	versöhnen
ü	grün	keine	führen

3. Doppelte Vokale

Wörter mit aa: waagrecht, Paar, Saarland, Staaten, Saal, Haar/e, Flussaal
Wörter mit ee: Leergut, Meer, Seele, Seestern, Heer, Teer, Beet

4. „a", „aa" oder „ah"?

Gestern bin ich das erste M**a**l zur W**ah**l gegangen. Die Abstimmung fand in einem großen S**aa**l statt. In einer K**a**bine füllte ich meinen Stimmzettel aus. Alles muss ja geheim ablaufen. Anschließend warf ich meinen Zettel in eine V**a**se, die in der Fachspr**a**che Urne heißt. Außer mir waren auch noch ein p**aa**r andere Leute da. Man darf sich aber nach Abgabe seiner Stimme nicht mehr im Raum aufhalten und deshalb bin ich gleich wieder nach Hause gef**ah**ren.

5. Sätze bilden

a, aa und ah:	Ich habe wahrhaftig ein paar Wale gesehen.
e, ee und eh:	Ehrlich gesagt weiß ich nicht, ob Esel Erdbeeren essen.
i, ie und ih:	Ihm gefiel der Igel.
o, oo und oh:	Der bedrohliche Sog des Wassers riss das Boot nach unten.
u und uh:	Mein Bruder fuhr mit dem Zug.

7. Wörter mit s-Laut

1. Falsche Buchstaben durchstreichen

a) Der Bi~~s~~/**ss**/~~ß~~ der Mau**s**/~~ss~~/~~ß~~ hat ziemlich wehgetan.
b) Du i~~s~~/**ss**/~~ß~~t schon wieder so au~~s~~/~~ss~~/**ß**erordentlich viel. Jeder mu~~s~~/**ss**/~~ß~~ denken, du bi**s**/~~ss~~/~~ß~~t am Verhungern.
c) Der Ra**s**/~~ss~~/~~ß~~en besteht aus vielen grünen Gra**s**/~~ss~~/~~ß~~halmen.
d) In einer neuen Stadt Fu~~s~~/~~ss~~/**ß** zu fa~~s~~/**ss**/~~ß~~en, ist nicht immer einfach.

2. s-Laute erkennen

a) das Gla**s** – die Gläser → weicher s-Laut
b) der Pa**ss** – die Pässe → scharfer s-Laut
c) das Fa**ss** – die Fässer → scharfer s-Laut
d) der Auswei**s** – die Ausweise → weicher s-Laut

3. „s", „ss" oder „ß"?

a) Der Zirku**s**wärter pa**ss**t mei**s**tens auf die wilden Tiere auf.
b) Der Tiger ra**s**t äu**ß**erst aufgeregt in seinem Käfig herum. Die Pa**ss**anten waren deshalb ein bi**ss**chen beunruhigt.
c) Tim hat ein schlechtes Gewi**ss**en, da er heimlich den ganzen Streu**s**elkuchen aufgege**ss**en hat.
d) Eine bewu**ss**te Ernährung und das Trinken von au**s**reichend Wa**ss**er ist wichtig für die Ge**s**undheit.

4. „s", „ss" oder „ß"?

Letzten Urlaub haben wir einen Ausflug zu einem gro**ß**en Schlo**ss** gemacht. Ich fand es sehr aufregend, wie die Menschen damals lebten. Es mu**ss** viel Spa**ß** gemacht haben, mit all den tollen Kleidern. Aber ich glaube, das E**ss**en wäre nicht so mein Fall gewesen. Total kla**ss**e fand ich auch den Schlo**ss**wald, dort lie**ß** sich bestimmt viel entdecken. Eine Menge Tiere haben sich dort niedergela**ss**en. Ein Reh konnten wir dann beim Fre**ss**en beobachten, aber mehr leider nicht. Dann mu**ss**ten wir auch schon weiter, denn sonst wären wir in eine gro**ß**e Ma**ss**e von weiteren Besuchern gekommen und das wollten wir vermeiden. Zum Schlu**ss** sind wir aber noch Ei**s** e**ss**en gegangen.

5. „s", „ss" oder „ß"?

a) Ra**s**en.
b) Fu**ß**ball.
c) Ga**s**- und Wa**ss**erinstallateur.
d) Verfa**ss**ung

8. Zeichensetzung

1. Kommas einsetzen

Die Hölle war total überfüllt. Und immer noch stand da eine lange Schlange derer, die Einlass am Eingang der Hölle begehrten. Schließlich, als das Gedränge zu beängstigend wurde, musste sich der Teufel höchstpersönlich herausbegeben, um die Bewerber fortzuschicken.

2. Falsche Kommas kennzeichnen

Geboten ( ) wird ein aktueller und rascher Überblick über Betriebe, die Mitarbeiter suchen. Dabei sind Namen, Anschriften und Telefonnummern der betreffenden Betriebe ( ) sowie die jeweiligen Verdienstmöglichkeiten ( ) angegeben. Telefone stehen zur Verfügung, damit der Interessent unverzüglich mit dem Arbeitgeber Kontakt aufnehmen kann.

3. Fehlende Kommas und Zeichen der wörtlichen Rede einsetzen

Als Auszubildender ist man plötzlich mit vielen neuen Dingen konfrontiert. In der ersten Zeit erscheint es einem oft, als ob man diese Flut an Informationen nie verarbeiten könnte. Aber mit der Zeit gewöhnt man sich an die neue Umgebung, den Arbeitsalltag und seine kleinen und großen Tücken. Paul, Auszubildender bei einer großen Elektronikfirma, sagt: „Ich kann mir inzwischen gar nicht mehr vorstellen, jemals etwas anderes gemacht zu haben.“ Gerade dieser neue Lebensabschnitt bietet viele Optionen und Möglichkeiten, endlich etwas zu machen, das einem richtig Spaß macht und einen erfüllt.

4. Rechtschreib- und Zeichensetzungsfehler

Risikogruppe „Fahranfänger“

Die meisten der 18- bis 20-jährigen Autofahrer, die an Unfällen mit Personenschäden beteiligt sind, haben diese auch schuldhaft verursacht. An dieser Tatsache hat auch die gründliche Ausbildung in den Fahrschulen bisher nichts ändern können. Aus diesem ~~Grunt~~ **Grund** wird der Ruf nach ~~Massnahmen~~ **Maßnahmen** zur nachhaltigen Steigerung ( ) der Fahrsicherheit von Fahranfängern immer lauter.

Um den Ausbildungsstand weiter zu erhöhen und so die Verkehrssicherheit zu verbessern, wird von vielen Fachleuten eine Phase gewünscht, während der die ~~Unsicheren~~ **unsicheren** Fahranfänger mit einem erfahrenen Begleiter fahren.

~~Eksperten~~ **Experten** fordern, dass ~~Fahrlerer~~ **Fahrlehrer** dabei mehrfach die Fahrweise im PKW des Führerscheinneulings überprüfen und Fehler ~~aufdeken~~ **aufdecken**. ~~bei~~ **Bei** frühzeitigem ~~erkennen~~ **Erkennen** von gefährlichem Fahrverhalten können Fachleute noch wirksam und helfend eingreifen. Sie können das ~~Ferhalten~~ **Verhalten** des Fahranfängers in Risikosituationen beurteilen und Handlungsmöglichkeiten empfehlen. Bei einer ~~negatiwen~~ **negativen** Einschätzung kann dieses Vorgehen auch zu einer Wiederholung der Prüfung führen.

5. Rechtschreib- und Zeichensetzungsfehler

Alarmierende Essgewohnheiten

Die ~~Ärtzte~~ **Ärzte** sind ~~allarmiert~~ **alarmiert,** da es immer mehr dicke Kinder gibt, die schon sehr ~~Früh~~ **früh** über ~~Herz-Kreislauf-Probläme~~ **Herz-Kreislauf-Probleme** und Rückenschmerzen klagen. Schuld daran sind ~~vorallem~~ **vor allem** der ~~zunemende~~ **zunehmende** Bewegungsmangel und die veränderten ~~Eßgewohnheiten~~ **Essgewohnheiten**.

Im Gegensatz zu früher ~~lasen~~ **lassen** sich heute die ~~meißten~~ **meisten** Kinder mit dem ~~Buss~~ **Bus** oder Auto bis ~~direckt~~ **direkt** vor das Schulhaus fahren. Dann sitzen sie den ganzen ~~vormittag~~ **Vormittag** lang in den Klassenzimmern**,** meistens auch in den Pausen, und am Nachmittag kommen sie nicht mehr weg vom Schreibtisch und ~~Komputer~~ **Computer**. Kein Wunder**,** ~~das~~ **dass** da die ~~Wirbelseule~~ **Wirbelsäule** auf Dauer nicht ~~mit macht~~ **mitmacht**.

Da viele Mütter heute berufstätig sind, gibt es kaum noch eine ~~gemeinsamme~~ **gemeinsame** Mahlzeit. Alles ~~muß~~ **muss** schnell gehen. Und deshalb essen die Kinder ~~unkontroliert~~ **unkontrolliert** ~~dass~~ **das,** worauf sie gerade Lust haben. Und das sind meistens ~~kalorienhalltige~~ **kalorienhaltige** ~~Süssigkeiten~~ **Süßigkeiten** oder fettreiches **Fastfood/Fast Food** wie Pizza oder Hamburger. Obst und Gemüse sind dagegen kaum gefragt. Dieser Entwicklung sollte aber ~~dringent~~ **dringend** Einhalt geboten werden.

9. Zusatzaufgabe

Satzgefüge vervollständigen

a) Ich war total fasziniert, **als ich zum ersten Mal in meinem Leben Wolkenkratzer sah.**

b) Sie konnte die unbekannten Wörter nicht nachschlagen, **weil sie ihr Wörterbuch zu Hause vergessen hatte.**

c) Vor dem Grenztunnel staut sich der Verkehr, **wenn es Blockabfertigung gibt.**

Deutsch-Prüfung 2017

Text 1 – Anders (Andreas Steinhöfel)

Teil I: Lesen

1. Richtige Aussage ankreuzen

a) ☒ von der Nachhilfe.
b) ☒ er „Felix“ nicht mehr passend findet.
c) ☒ mag keine Veränderungen.
d) ☒ eine Briefmarke.
e) ☒ Krankenpfleger.
f) ☒ seine Frau verstorben ist.

2. Richtige Aussage ankreuzen

a) ☒ auch Postgeschäfte erledigen kann.
b) ☒ sehr schüchtern war.
c) ☒ Anders' Mutter.
d) ☒ er seine Frau vermisst.

3. Satz im Text finden, der Ähnliches ausdrückt

Aussagen	Zeile(n)
Felix hatte sich sehr schnell nach Stack umgedreht.	19
Stack wollte nicht länger darüber nachdenken.	58
Dann war der Augenblick vorbei.	102
Stack sprach mit keinem Menschen über seine Gefühle.	105 f.

4. Richtige Aussage ankreuzen

a) ☒ Nur C und D stehen im Text.
b) ☒ Nur C steht im Text.

5. Vorkommnisse entsprechend dem Erzählverlauf nummerieren

Vorkommnis	Nummerierung
Anders erkennt Stacks Traurigkeit.	5
Anders erwähnt, dass er seinen Namen geändert hat.	3
Stack trifft in Golds Laden auf Anders.	1
Anders verspricht Stack, ihn bald einmal zu besuchen.	6
Anders bedankt sich bei Stack für die erhaltene Nachhilfe.	2
Anders erzählt Stack von der kleinen Seejungfrau.	4

6. Drei Textstellen, die die Veränderung des „Winterjungen" belegen

Mögliche Lösungen:

- Sein Händedruck ist kräftiger. (vgl. Z. 32)
- Weil er sich nicht mehr wie ein Felix fühlt, hat er sich „Anders" genannt. (vgl. Z. 39 f.)
- Er ist viel selbstbewusster geworden. (vgl. Z. 66 f.)
- Anders traut sich nun alleine in die Stadt. (vgl. Z. 70 f.)
- Er ist gelassener und befürchtet keinen Ärger mehr von seiner Mutter, wenn er Stack besuchen möchte. (vgl. Z. 121 f.)

7. Begründung für die Umbenennung der Hauptfigur in „Anders"

Mögliche Lösung:

Nach seinem Unfall ist Felix/Anders ein anderer Mensch. Er hat nun mehr Selbstbewusstsein, er trifft zunehmend seine eigenen Entscheidungen und bewertet und betrachtet andere Personen wie zum Beispiel seinen ehemaligen Nachhilfelehrer nach eigenen Maßstäben. Da er nun anders handelt, fühlt und Menschen und Situationen anders bewertet, erfolgt seine Namensänderung von Felix zu Anders. Die Veränderung spiegelt sich somit auch im Namen wider.

8. Erläuterung anhand einer Textstelle, warum Stack auf Anders' Worte betroffen reagiert

Mögliche Lösung:

Stack wird durch diese Worte an seine verstorbene Frau erinnert. Das Verhältnis zu seiner Frau scheint sehr eng gewesen zu sein. Er hat ihren Verlust immer noch nicht überwunden, was an den Worten „… eine sehr schlecht verheilte Wunde, von der die Worte ein Pflaster gerissen hatten, und jetzt blutete sein Herz, blutete …" (Z. 97 f.) sehr deutlich wird. Er scheint noch immer nicht über den Tod seiner Frau hinweg zu sein, auch wenn dieser schon fünfzehn Jahre zurückliegt. Er vermisst seine Frau und wird durch das Shakespeare-Zitat an diesen schmerzlichen Verlust erinnert.

Teil II: Schreiben

Teil II.A: Textproduktion

Hier findest du eine beispielhafte Lösung zu b).

Der erste Tag an der neuen Schule

Johannes war am Freitag mit seinen Eltern in eine ihm unbekannte Stadt gezogen. Sein Vater hatte dort ein Jobangebot bekommen, welches er nach Absprache mit seiner Frau annahm. Nur mit Johannes hatten sie nicht geredet, sondern ihn einfach vor vollendete Tatsachen gestellt, was zu einem riesigen Familienstreit führte. Er wollte nicht umziehen, in seinem Heimatdorf hatte er einen großen Freundeskreis, den er nicht verlieren wollte. Aber alle Diskussionen halfen nichts und so saß er seit Freitag in dieser Stadt, in der er niemanden kannte.

Es war Sonntag, er hatte sein Zimmer bereits größtenteils eingeräumt und am nächsten Morgen musste er das erste Mal in seine neue Schule gehen. Er hatte das Gebäude noch nie gesehen, seine Eltern hatten ihn einfach angemeldet. Aus dem Internet wusste er, dass es eine sehr große Schule war und davor fürchtete er sich etwas, weil er dort niemanden kannte. Er sollte sich am Montag um 8:00 Uhr im Büro des Schulleiters melden. In der Nacht schlief Johannes sehr schlecht, ihn plagten Albträume.

Nun war es Montag und er musste los zur Schule. Als er davor stand, fragte er sich: „Wie soll ich mich an einer so großen Schule zurechtfinden? Ich werde hier niemals Freunde haben." Mit einem mulmigen Gefühl ging er zum Schulleiter. Dieser brachte ihn in seine neue Klasse. Nun stand er da und wurde vorgestellt, gemustert und angeschwiegen. Er fühlte sich in diesem Moment sehr unwohl und bekam einen roten Kopf. Er wählte einen Platz in der letzten Reihe.
Hier saß er nun, beobachtete seine neuen Mitschüler und fand sie alle unsympathisch. In der ersten kleinen Pause beachtete ihn niemand. „Na toll, das kann ja heiter werden", dachte Johannes. In der ersten großen Pause verdrückte er sich in eine hintere Ecke des großen Schulhofes und aß sein Pausenbrot. Da beobachtete er drei Mädchen, die hinter dem Gebäude verschwanden. Neugierig folgte er ihnen unauffällig. Sofort verstand er, dass die Mädchen Ärger miteinander hatten. Zwei der Mädchen schienen das dritte zu bedrohen. Das bedrohte Mädchen erkannte er sofort. Sie war auch in seiner neuen Klasse und saß in der zweiten Reihe links. Er glaubte, sich zu erinnern, dass der Lehrer sie Frauke genannt hatte. Johannes überlegte, was er nun machen sollte. Sollte er das Ereignis ignorieren oder eingreifen? Zunächst überlegte er sich, dass ihn das Ganze ja nichts anginge, schon gar nicht an seinem ersten Tag. Dann meldete sich sein Gewissen.
Johannes überlegte hin und her, was er nun machen solle. Schließlich entschied er sich, zu handeln. Er ging auf die drei Mädchen zu. Die beiden Täterinnen schubsten ihr Opfer hin und her und schauten ihn wütend an, als er an die drei herantrat.
„Würdet ihr sie bitte in Ruhe lassen", bat er die beiden ruhig, aber bestimmt. Innerlich war er allerdings sehr aufgeregt und zitterte. Die beiden Mädchen drehten sich zu ihm herum. Die Anführerin fuhr ihn an, was er denn wolle, er solle sich um seine eigenen Sachen kümmern. Er reagierte nicht auf die Drohung und wiederholte seine Bitte. Zudem verwies er darauf, dass er es ansonsten melden müsse. Die beiden Täterinnen bauten sich drohend vor ihm auf. Johannes hatte eine solche Situation noch nie erlebt und zitterte innerlich. Er versuchte, den Mädchen davon nichts zu zeigen. Nach einer gefühlten Ewigkeit schauten sich die beiden an und gingen wortlos an ihm vorbei. Er atmete auf und frage das Mädchen aus seiner Klasse, ob bei ihr alles okay sei. „Tausend Dank. Du hast mich echt gerettet", sagte seine neue Klassenkameradin. Sie bot ihm an, ihm seine neue Klasse vorzustellen.
Sie nahm ihn mit, alle klopften ihm auf die Schulter und bedankten sich bei ihm, denn Frauke war ihre Klassensprecherin. Mit einem Mal redeten alle mit ihm, fragten, woher er komme und wieso er umgezogen sei. Als Johannes mittags nach Hause kam, erzählte er seiner Mutter alles. Sie lobte sein Verhalten und freute sich für ihn. Nachmittags klingelte es an der Haustür, er wurde von seiner neuen Klasse abgeholt und bekam die Stadt gezeigt. Ab diesem Moment war er ein fester Bestandteil der Gruppe. Die beiden Täterinnen sprachen ihn nie wieder an.

Text 2 – Urform des Skatens (Yannic Hannebohn)

Teil I: Lesen

1. Richtige Aussage ankreuzen

a) ☒ eine bestimmte Fahrtechnik.
b) ☒ eines Longboards.
c) ☒ auf Hawaii.
d) ☒ an seine Anfänge als Longboarder.
e) ☒ ein umgebautes Surfboard.
f) ☒ Freiheit.

2. Richtige Aussage ankreuzen

a) ☒ mit der Zeit immer beliebter wurde.
b) ☒ die Biegsamkeit der Boards.
c) ☒ beide an der steigenden Nachfrage nach Boards gut verdienen.
d) ☒ auf dem Asphalt Spuren hinterlassen.

3. Satz im Text finden, der Ähnliches ausdrückt

Aussagen	Zeile(n)
Glasfasern sorgen dafür, dass das Brett elastischer wird.	26 f.
Bei Pascal kann man sich ein Board nach seinen eigenen Wünschen anferti- gen lassen.	33 f.
Pascal ist es sehr wichtig, dass seine Boards immer besser werden.	59 – 64
Beim Kauf eines Longboards sollte man auf Qualität achten.	92 f.

4. Richtige Antwort ankreuzen

a) ☒ Nur A und D stehen im Text.
b) ☒ Nur B und C stehen im Text.

5. Drei Textstellen, in denen die Begeisterung für das Longboarden deutlich wird

Mögliche Lösungen:

- „ Ihre Pupillen sind weit. Nur einen Moment noch." (Z. 15 f.)
- „Wenn man so will, sind sie ein bisschen gefährlich, wie eben fast alle Dinge im Leben, die Spaß machen." (Z. 46 ff.)
- „Zum ersten Mal auf einem Longboard zu fahren, ist ein unwahrscheinliches Gefühl." (Z. 106 f.)
- „Ein Stück Holz, ein Stück Freiheit, so einfach wie traumhaft." (Z. 111 f.)

6. Zwei Aspekte nennen, die beim Bau eines Longboards beachtet werden sollten

Mögliche Lösung:

- Es müssen getrocknete Holzbretter verwendet werden (vgl. Z. 18 f.).
- Je nach Fahrstil werden Hölzer mit unterschiedlichem Härtegrad gewählt (vgl. Z. 30 f.).
- Die Form des Brettes ist wichtig für die Stabilität und Sicherheit (vgl. Z. 43 ff.).
- Das Brett löst sich, wenn nicht der richtige Leim verwendet wird (vgl. Z. 55).

7. Begründung, warum Longboarden als die Urform des Skatens betrachtet wird

Mögliche Lösung:

Der Sport entstand in den 50er-Jahren auf Hawaii. Surfer bauten an ihre Surfboards Rollen, wenn der Wellengang nicht ausreichte. So wurden die Surfboards straßentauglich gemacht, das Longboard war erfunden. Die Idee war ein Erfolg und verbreitete sich weiter über Kalifornien bis nach Europa. Heutzutage gibt es unterschiedliche Boards mit vielen unterschiedlichen Eigenschaften.

8. Erklärung anhand zweier Textstellen, welche Veränderungen es in der Sportart Longboarden gab

Mögliche Lösung:

- Da immer mehr Menschen diesen Sport ausüben, ist es nichts Besonderes mehr, einem anderen Longboarder zu begegnen. (vgl. Z. 77 ff.)
- Die Boards wurden in den letzten Jahren ständig verändert und weiterentwickelt. Heutzutage gibt es für alle möglichen Anforderungen und Fahrstile Boards. (vgl. Z. 28 ff., Z. 38 ff.)
- Es gibt immer mehr Fachgeschäfte, in denen man Boards kaufen kann. (vgl. Z. 85 ff.)
- Die Qualität der Einsteigerboards hat sich verbessert. Es wird nun auf eine bessere Haltbarkeit geachtet, sodass die Bretter nicht mehr so schnell kaputt gehen. (vgl. Z. 103 ff.)

Teil II: Schreiben

Teil II.A: Textproduktion

Hier findest du eine beispielhafte Lösung zu a).

Sehr geehrte Schulleitung,

mittlerweile hat sich Longboarden zu einer richtigen Trendsportart entwickelt. Das führt auch an unserer Schule zu der Diskussion, ob Longboards auf dem Schulgelände erlaubt oder verboten werden sollen. Bezüglich dieser Frage gibt es sehr viele unterschiedliche Meinungen, auch in meiner Klasse. Ich habe mir zu diesem Thema ebenfalls Gedanken gemacht und möchte im Folgenden aufzeigen, warum ich der Meinung bin, dass Longboards auf unserem Schulgelände verboten werden sollten.

Zunächst lässt sich festhalten, dass Longboards ziemlich teuer sind. Sollten sie erlaubt werden, würde eine Art Gruppenzwang entstehen, wie es ihn zum Beispiel bereits bei Klamotten gibt. Man möchte ein besseres und schöneres Longboard als die anderen Mitschüler haben und gibt dafür mehr Geld aus. Longboards würden so zu Statussymbolen an unserer Schule werden. Nicht jeder kann da mithalten: Schülerinnen und Schüler, die sich kein Board kaufen dürfen oder können, würden so ausgeschlossen und zu Außenseitern.

Des Weiteren müsste man, sollten Longboards erlaubt werden, auch andere Fortbewegungsmittel wie Skateboards, Inlineskates oder sogar Fahrräder auf dem Schulhof zulassen. Warum sollten Longboards den anderen Fortbewegungsmitteln vorgezogen werden? Auf dem Schulgelände würde ein großes Chaos entstehen, wenn alle durcheinander fahren. Man müsste ständig aufpassen, von wo die Schülerinnen und Schüler gefahren kommen. Pausen sind aber dazu da, sich ein wenig auszuruhen, etwas zu essen und sich auf die nächsten Stunden vorzubereiten. Sie sind nicht dafür da, dass Longboards, Fahrräder, Skateboards etc. durcheinander fahren. So würde das Schulgelände zu einer Art „Skaterpark" werden, was nicht der Sinn eines Schulgeländes sein sollte.

Das Erlauben von Longboards würde die Gefahr von Unfällen in meinen Augen massiv erhöhen. Longboards können sehr schnell werden, sind schwer und nur mit viel Übung zu steuern. Man müsste ständig wachsam sein und einen Rundumblick haben, damit man nicht angefahren wird. So könnten sich die Schülerinnen und Schüler in den Pausen nicht mehr in Ruhe in Gruppen unterhalten. Dadurch würde der großen Pause ein sehr wichtiger Aspekt, der gegenseitige Austausch, genommen werden. Durch das ständige Aufpassen und Schauen nach den Boards könnte man sich nicht mehr erholen und auf den nächsten Unterricht vorbereiten, weil man ständig angespannt und vorsichtig wäre. Erfahrungen an anderen Schulen zeigen, dass die Schulgemeinde es befürwortet, wenn es in den Pausen möglichst ruhig zugeht. Des Weiteren glaube ich, dass es den Eltern nicht gefallen würde, wenn sie von einer hohen Zahl an Unfällen auf dem Schulgelände erfahren würden, da sie ja mit ihren Kindern zum Arzt oder in ein Krankenhaus fahren müssten.

Auch wenn die Befürworter des Longboardens den hohen Spaßfaktor in den Mittelpunkt stellen, bin ich der Meinung, dass sich diese Aktivität auf die Freizeit beschränken sollte. Ich finde, dass Longboards auf dem Schulgelände nichts zu suchen haben, weil sie eine zu große Gefahr darstellen. Außerdem müssten dann weitere Fortbewegungsmittel wie zum Beispiel Inlineskates ebenfalls erlaubt werden. Daher appelliere ich an Sie, Longboards an unserer Schule nicht zu erlauben.

Mit freundlichen Grüßen
Ihr/e Schüler/-in

Teil II.B: Sprachliche Richtigkeit

*Bei der **Gewährung von Notenschutz** aufgrund besonderer Schwierigkeiten beim Lesen und Schreiben gemäß § 44 (2) der Verordnung zur Gestaltung des Schulverhältnisses in der für das Prüfungsjahr gültigen Fassung werden im Teil II.B. nur die Aufgaben 3 und 4 gewertet.*
Die Höchstpunktzahl im Teil II.B. beträgt in diesem Fall sieben Punkte.

1. Zehn Rechtschreibfehler markieren und verbessern

Mit modernster Technik ausgestattete ~~Schife~~ **Schiffe** sollen Müll aufbereiten – ~~befor~~ **bevor** er im Meer landet. Eine ~~nachaltige~~ **nachhaltige** Lösung, nicht nur für vermüllte ~~Inselparadise~~ **Inselparadiese**. Plastik, der formbare Wunderstoff, ist aus unseren Konsumwelten nicht mehr ~~wegzudencken~~ **wegzudenken**. Doch das Erdölprodukt landet in ~~rießigen~~ **riesigen** Mengen in der Natur, auf wilden Mülldeponien, in Flüssen. Und in den Ozeanen. Forscher ~~schäzen~~ **schätzen**, dass rund 140 Millionen Tonnen Plastikmüll in ~~denn~~ **den** Meeren treiben. Und jedes Jahr kommen 10 Millionen Tonnen dazu – ~~kontzentriert~~ **konzentriert** in Müllstrudeln von der Größe Europas. Experten warnen, dass es Mitte des ~~Jahrhunterts~~ **Jahrhunderts** schon mehr Plastik in den Meeren geben könnte als Fisch.

2. Groß- oder Kleinschreibung

a) Das Klopfen an der Tür war nicht zu überhören.

b) Beim Läuten der Schulglocke stürmen alle ins Freie.

c) Die Bäckerei hat sonntags immer geschlossen.

d) Ein gesundes Frühstück am Morgen ist wichtig.

e) Die eine Fußballmannschaft war der anderen überlegen.

f) Ein Stadtplan half ihm beim Orientieren.

3. Schreibweise und Wortart bestimmen

Sie hoffen, ~~das~~/**dass** er bei der Berufswahl die richtige Entscheidung trifft.
K

Er kaufte **das**/~~dass~~ Fahrrad, **das**/~~dass~~ ihm am besten gefiel.
A **R**

Ich finde, ~~das~~/**dass** die Sommerferien einfach zu kurz sind.
K

4. Fehlende Satzzeichen einsetzen

Drei Stiere schlossen miteinander ein Bündnis. Sie sagten: „Wir wollen jede Gefahr auf der Weide mit vereinten Kräften abwehren." So vereinigt, trotzten sie sogar dem Löwen, denn dieser wagte sich nicht an sie.
Der Löwe hatte bald großen Hunger und er dachte bei sich, dass es hilfreich sei, unter den Stieren Streit zu stiften, damit sie nicht mehr so stark seien. Streitend trennten sich die Stiere. Nach nicht acht Tagen hatte er alle drei, jeden einzeln, angegriffen und verzehrt.
Lehre:
Eintracht gibt Stärke und Sicherheit. Zwietracht bringt Schwäche und Verderben.

Text 1 – Das Märchen vom Glück (Erich Kästner)

Teil I: Lesen

1. Richtige Aussage ankreuzen

a) ☒ einen alten Mann.
b) ☒ von einer Begegnung im Park.
c) ☒ unglücklich.
d) ☒ verschwunden.
e) ☒ ein schlechtes Gewissen hat.
f) ☒ noch einen Wunsch frei.

2. Richtige Aussage ankreuzen

a) ☒ Kummer hat.
b) ☒ von einem Bart umrahmt ist.
c) ☒ sich gruselt.
d) ☒ einen Wunsch verschwendet hat.

3. Satz im Text finden, der Ähnliches ausdrückt

Aussagen	Zeile(n)
Es ist uns lästig, dass du so frustriert bist.	27 – 28
Vor Entsetzen wurde mir ganz schlecht.	58 – 59
Ich bat stammelnd um Verzeihung.	96 – 97
Sein einnehmendes Lächeln brachte mich beinahe zum Weinen.	101 – 102

4. Richtige Aussage ankreuzen

a) ☒ Nur D steht im Text.
b) ☒ Nur A und C stehen im Text.

5. Vorkommnisse entsprechend dem Erzählverlauf nummerieren

Vorkommnis	Nummerierung
Ein letzter Wunsch wird bewahrt.	5
Ein alter Mann verschwindet plötzlich von der Parkbank.	4
Zwei Männer begegnen sich in einer Kneipe.	1
Der alte Mann verlässt die Kneipe.	6
Drei Wünsche werden gewährt.	3
Ein unglücklicher junger Mann sitzt auf einer Parkbank.	2

6. Zwei Textstellen, die die Ähnlichkeit des alten Mannes mit dem Weihnachtsmann verdeutlichen.

Mögliche Lösungen:

- „Er sah aus wie der Weihnachtsmann in Zivil." (Z. 28 f.)
- „Weißer Vollbart, rote Apfelbäckchen, Augenbrauen wie aus Christbaumwatte." (Z. 29 f.)
- „Mit seinen hübschen, roten Apfelbäckchen?" (Z. 74)
- „Die buschigen weißen Augenbrauen …" (Z. 89 f.)

7. Zwei mögliche Bedeutungen des Begriffs „Märchen" erklären

Mögliche Lösung:

- Ein „Märchen" erzählen kann auch bedeuten, dass einem eine Lügengeschichte erzählt wird. In diesem Fall kann das Wort „Märchen" so verstanden werden, dass der alte Mann in der Kneipe eine erfundene Geschichte erzählt, die niemals passiert ist. Somit steht das Wort „Märchen" für „Schwindel".
- Die Geschichte, die hier erzählt wird, erinnert zunächst an die Textsorte „Märchen". Es wird von einem Mann im Park erzählt, der sehr stark an den Weihnachtsmann erinnert. Es werden drei Wünsche wie in einem Märchen gewährt. Daher handelt es sich hier um märchenhafte Inhalte, die mit dem normalen Leben und der Realität nichts gemeinsam haben.

8. Zustimmung oder Ablehnung der Behauptung begründen

Zustimmung:
Solange man noch einen Wunsch vor sich hat, hält man sich die Möglichkeit offen, diesen einlösen zu können. Man kann sich in der Fantasie die verschiedensten Wünsche vorstellen, ohne eine Entscheidung treffen zu müssen. Ein noch nicht eingelöster Wunsch kann auch Hoffnung geben, da man immer wieder an diesen einen Wunsch denkt und er einen stärkt.

Ablehnung:
Sich Wünsche aufzuheben, macht keinen Sinn, da man sich seine Träume zeitnah erfüllen sollte, da man nie weiß, wie das Leben spielt und ob es nicht irgendwann einfach zu spät ist. Im Leben können sich schnell Dinge ändern, die es unmöglich machen, sich bestimmte Wünsche zu erfüllen. Außerdem ist es auch eine Belohnung für Geleistetes, wenn man sich seine Wünsche erfüllt, egal ob es nun eine Reise, ein neues Kleidungsstück oder ein neues Handy ist.

Teil II: Schreiben

Teil II.A: Textproduktion

Hier findest du eine beispielhafte Lösung zu a).

Das unerwartete Glück

Der 34-jährige Michael hatte heute wieder einmal eine schlechte Nachricht erhalten. Sein Chef hatte ihn zu sich gerufen und ihm verkündet, dass die Firma den auslaufenden Vertrag nicht verlängern werde. Somit war er also wieder einmal arbeitslos. Dies war ihm schon so oft passiert und er hatte die Beweggründe der einzelnen Firmen nie verstanden. Was sollte er seiner Frau erzählen? Wie sollte er seine Familie ernähren? „Meine Frau wird mir wieder die Schuld geben", dachte er auf dem Heimweg. Da er keine Lust hatte, direkt nach Hause zu gehen, nahm er einen Umweg über den großen Park. Dort setzte er sich auf eine Bank, schloss die Augen, atmete die frische Luft ein und überlegte, wie es weitergehen könnte. Was war nur aus seinen Wünschen fürs Leben geworden? Früher wollte er Model werden, genug Geld verdienen und mindestens drei Kinder haben. Als er so mit geschlossenen Augen auf der Bank saß, sprach ihn ein älterer Mann mit einem Fotoapparat an. Dieser entschuldigte sich bei ihm für die Störung und sagte Michael, er sei ihm aufgefallen, da er gut aussehe. „Dürfte ich ein paar Fotos von Ihnen hier auf der Bank machen, wir suchen genau so ein Model für unseren neuen Katalog?" Michael war sehr verwundert, schaute den Mann ungläubig an und dachte, er könne niemals gemeint sein, da er doch nicht schön sei. Dies sah der fremde Mann aber offensichtlich anders. Nach kurzem Zögern willigte Michael ein und posierte für einige Fotos. Der Fotograf bedankte sich, tauschte mit Michael Kontaktdaten aus und sagte ihm, dass er sich bei ihm melden würde. Verwirrt ging Michael nach Hause und teilte seiner Frau mit, dass er leider wieder arbeitslos sei. Von dem Fotografen erzählte er zunächst nichts, da er sich immer noch nicht sicher war, was er von der ganzen Sache halten sollte. „Warum ausgerechnet ich?", dachte er immer wieder. Als er nach mehreren Tagen nichts gehört hatte, vergaß er das Treffen. Er versuchte vergeblich, einen neuen Arbeitsplatz zu finden und war bereits kurz vorm Aufgeben, als ihn eine unbekannte Nummer anrief: „Hallo Michael, wir wollen dich für ein Shooting", sagte die Stimme am Telefon. Er brauchte einige Sekunden, um zu verstehen, was hier gerade passierte. Auf die Frage, ob er den Auftrag annehmen möchte, antwortete er sofort mit: „Ja!". Dies war schließlich schon immer einer seiner Wünsche gewesen. Nur was würde seine Frau dazu sagen? Gespannt suchte er das Gespräch mit ihr. Sie reagierte zunächst sehr zurückhaltend, stimmte aber letztendlich zu. Aufgeregt vereinbarte Michael einen Termin. Würde sein Wunsch doch noch in Erfüllung gehen? Das Shooting lief aus seiner Sicht super, der Fotograf schien sehr zufrieden mit ihm zu sein. Nach dem Shooting sollte er noch zu einem Gespräch kommen. Nervös und aufgewühlt betrat er das Besprechungszimmer. „Mensch Michael, du warst super, wir würden dich gerne unter Vertrag nehmen". Nach diesem Satz musste er sich erst einmal hinsetzen, um zu begreifen, dass sein großer Wunsch nun doch noch und völlig unerwartet eintritt. In den folgenden Wochen und Monaten hatte Michael viele Termine und bekam wieder ein gutes Gehalt. Sogar so gut, dass er seiner Familie den ersten gemeinsamen Sommerurlaub spendieren konnte. Er war stolz und glücklich, da er nun so viel Geld verdiente, wie er es sich immer gewünscht hatte. Seine Frau und er beschlossen, sich ein Haus zu kaufen, damit sie noch mehr Kinder bekommen könnten, so wie es immer der Wunsch war. In einer ruhigen Minute dachte Michael: „Da musste ich erst arbeitslos werden, fast den Mut verlieren, um festzustellen, dass sich nun meine drei großen Wünsche völlig unerwartet doch noch erfüllt haben."

Text 2 – Die Magie des Waldes (Stephan Maus)

Teil I: Lesen

1. Richtige Aussage ankreuzen

a) ☒ seinen Buchenkindergarten

b) ☒ Jahrhunderte.

c) ☒ im Halbdämmer

d) ☒ grobporig.

e) ☒ „Wood Wide Web".

2. Richtige Aussage ankreuzen

a) ☒ trübes und nebliges Wetter herrscht.

b) ☒ die Stämme der alten Buchen einen großen Durchmesser haben.

c) ☒ gnadenlos.

d) ☒ schattiger Bereich unter den Laubkronen der Elternbäume.

3. Satz im Text finden, der Ähnliches ausdrückt

Aussagen	Zeile(n)
Er schreitet durch seinen Forst, um zu zeigen, was seine Bäume verbindet und wie sie sich verständigen und gegenseitig helfen.	16 – 18
Nicht ganz ernsthaft betrachtet Wohlleben seine jungen Buchen.	40 – 41
Der Sieger wird den Raum des abgestorbenen Baumes in Anspruch nehmen.	63 – 64
In alle Richtungen wachsen ihre Äste dem Licht entgegen.	103 – 104

4. Richtige Antwort ankreuzen

a) ☒ Nur A und C stehen im Text.

b) ☒ Nur B steht im Text.

5. Eine Textstelle, die sich auf die „mathematischen" Fähigkeiten der Bäume bezieht, zitieren

Mögliche Lösungen:

- „Fest stehe […], dass Bäume zählen könnten." (Z. 89)
- „Man hat herausgefunden, dass Bäume erst eine Reihe von warmen Tagen abzählen, bevor sie ausschlagen." (Z. 95 f.)
- „Bislang weiß noch niemand, wo die Bäume ihre mathematischen Fähigkeiten abgespeichert haben." (Z. 97 f.)

6. Funktion des Wurzel- und Pilzsystems für den Buchenwald nennen

Mögliche Lösungen:

- Funktion des Wurzelsystems:
  Das Wurzelsystem sorgt für den Nährstoffausgleich zwischen den Bäumen. (vgl. Z. 56 ff., Z. 73 f.)
- Funktion des Pilzsystems:
  Das Pilzsystem dient zur Überbringung von Informationen über Parasiten oder Trockenheit. (vgl. Z. 85 ff.)

7. Textstelle, die herausstellt, warum junge Buchen nur überleben können, wenn sie senkrecht nach oben wachsen

Mögliche Lösung:
Sie müssen senkrecht nach oben wachsen, denn nur so haben sie die Möglichkeit, an Licht zu kommen, da durch das Blätterdach der Eltern nur sehr wenig Licht fällt (vgl. Z. 25 – 29).

8. Anhand zweier Textstellen den Umgang der Buchen miteinander erläutern

Mögliche Lösung:

- Laut Wohlleben kommunizieren und unterstützen sich die Bäume (vgl. Z. 16 ff.).
- Über ein Wurzelsystem werden junge Buchen mit Nährstoffen versorgt (vgl. Z. 57 f.).
- Der Buchenwald bildet eine Gemeinschaft, die sich schützt (vgl. Z. 75 ff.).
- Es gibt Baumpaare, die so wachsen, dass sie dem Partner kein Licht wegnehmen (vgl. Z. 100 – 103).

9. Zustimmung oder Ablehnung der Behauptung begründen

Zustimmung:
Wenn es nur noch solche Wälder wie den im Text beschriebenen geben würde, käme die gesamte Holzindustrie zum Erliegen. Wir müssten das Holz, welches wir zum Beispiel für Möbel brauchen, im Ausland kaufen, was wiederum in diesen Ländern zu einer verstärkten Abholzung führen würde. Man denke hier nur an die Abholzung der Regenwälder. Menschen, die Holzheizungen haben, müssten auf andere Heizungsarten umsteigen, was diese Menschen viel Geld kosten würde.

Ablehnung:
Solche Wälder wie der beschriebene machen unsere Erde lebenswert und sind ein wichtiger Teil unseres Lebensraums. Sie sorgen für eine bessere Luft, bieten vielen Lebewesen einen Lebensraum und dienen vielen Menschen als Ruhepol und Ausgleich vom hektischen Alltag. Wir brauchen Wälder, die unseren Sauerstoff produzieren, ansonsten hätten wir davon zu wenig. Heutzutage gibt es viele alternative Baustoffe, die das Holz ersetzen können.

Teil II: Schreiben

Teil II.A: Textproduktion

Hier findest du eine beispielhafte Lösung zu b).

Hiermit möchten wir als Klasse 9a unsere Meinung zur aufgekommenen Frage äußern, ob auf unserem Schulhof ein großer Schulgarten eingerichtet werden soll, der dann von einer AG betreut wird, um dort Obst und Gemüse anzubauen. Wir unterstützen die Einrichtung eines Schulgartens und möchten nun im Folgenden unsere Argumente für dieses Vorhaben äußern.
Zunächst würde unser eintöniges Schulgelände durch einen Schulgarten verschönert werden. Ein grüner Fleck auf dem Schulgelände würde es für alle angenehmer machen, da der Schulhof dann nicht so trostlos wäre. Dieser Punkt wurde ja bereits des Öfteren von der Schülervertretung angesprochen. Immer wieder wurde von den Lernenden angeregt, den Schulhof grüner und somit freundlicher zu gestalten. Des Weiteren könnten Schülerinnen und Schüler im Rahmen der vorgesehenen AG im Schulgarten lernen, welches Obst und Gemüse sich am besten eignet und wie es sich anbauen lässt. Dieses neue Wissen könnten sie mit nach Hause nehmen und ihren Familien zeigen, wie man auch daheim einen Obst- oder Gemüsegarten anlegen kann. So würden sich auch die Familien bewusster und gesünder ernähren. Das würde man in einer solchen AG automatisch mitlernen, da man sich ja im Vorfeld überlegen müsste, was man warum anbaut und welche Vor- oder Nachteile das Gepflanzte haben könnte. Gleichzeitig würden die Schülerinnen und Schüler lernen, wie man Obst und Gemüse pflegen muss, damit es gedeiht. Dieses Wissen könnten die Schülerinnen und Schüler ihr ganzes Leben gebrauchen, zum Beispiel auch später, wenn sie eigene Familien haben oder einen eigenen Garten bewirtschaften. Außerdem kann dies auch ein Beitrag gegen Lebensmittelverschwendung sein: Wenn man so viel Arbeit in den Anbau von Gemüse steckt, wird man dieses zum Beispiel auch nicht wegen einer Druckstelle aussortieren.
Ein weiteres Argument in unseren Augen ist die durch eine AG dann mögliche Versorgung der Mensa mit den frischen Zutaten aus unserem Schulgarten. So wäre es möglich, frischer zu kochen und dieses Essen dann auch bestmöglich verkaufen zu können, denn jeder möchte doch am liebsten frisches Essen auf dem Tisch haben, und es gibt keine bessere Werbung als frische Zutaten aus dem eigenen Schulgarten, die dann zum Beispiel auch saisonal angebaut werden könnten und jeder weiß, wo diese Zutaten herkommen.
Natürlich gibt es auch Stimmen, die anzweifeln, dass dieses Vorhaben umzusetzen ist. Immerhin muss sich auch jemand um die Beete kümmern. Wir haben uns dafür schon eine mögliche Aufgabenverteilung überlegt, damit die Arbeit auf alle Schülerinnen und Schüler fair verteilt wird. Für die Schulferien hat uns der Hausmeister seine Unterstützung zugesichert.
Wir hoffen, mit den von uns aufgeführten Argumenten können wir einen Beitrag zur Einrichtung des Schulgartens und somit auch zu einem bewussteren Umgang mit Lebensmitteln leisten, denn dieses Projekt liegt uns sehr am Herzen.

Teil II.B: Sprachliche Richtigkeit

*Bei der **Gewährung von Notenschutz** aufgrund besonderer Schwierigkeiten beim Lesen und Schreiben gemäß § 44 (2) der Verordnung zur Gestaltung des Schulverhältnisses in der für das Prüfungsjahr gültigen Fassung werden im Teil II.B. nur die Aufgaben 3 und 4 gewertet.*
Die Höchstpunktzahl im Teil II.B. beträgt in diesem Fall sieben Punkte.

1. Zehn Rechtschreibfehler markieren und verbessern

Der außergewöhnliche ~~Fundt~~ **Fund** wirkt auf den ersten Blick unscheinbar. Der wenige Zentimeter große und ~~ziehmlich~~ **ziemlich** farblose Fisch schwimmt langsam in einem Becken der Universität Konstanz hin und her. Ab und zu bohrt er die Nase in die Steine am Boden oder ~~wakelt~~ **wackelt** mit der ~~Schwantzflosse~~ **Schwanzflosse**. Dieser Fisch trägt den Namen „Schmerle" und ist etwas Besonderes. Es ~~isst~~ **ist** der erste bekannte Höhlenfisch in Europa. Zum ersten ~~Mahl~~ **Mal** wurde er 2015 von einem Taucher in einem Höhlensystem zwischen Schwarzwald und Bodensee gesichtet. Dort leben die Fische isoliert von anderen Fischen.
In den vergangenen 20 000 Jahren haben sich die Fische an das Leben in dunklen Höhlen ~~angepaßt~~ **angepasst**. Die Tiere haben kleine Augen, aber große Nasenlöcher und die Barteln, die für das Tasten und Schmecken verantwortlich sind, sind ~~verlengert~~ **verlängert**, damit die Fische besser riechen und schmecken können.
Dass der Fisch überhaupt ~~enddeckt~~ **entdeckt** wurde, ist dem Taucher Joachim Kreiselmaier zu verdanken. Er war im Sommer 2015 in dem Höhlensystem unterwegs, sah den Fisch, wunderte sich und machte sicherheitshalber mehrere Aufnahmen. Dem Taucher gelang es erst im November 2015, diese Höhlenfische zu fangen, weil das Höhlensystem stark ~~verzweickt~~ **verzweigt** und die Sicht sehr schlecht ist.

Nach: http://www.faz.net/aktuell/wissen/der-erste-hoehlenfisch-europas-14956774.html (abgerufen am 06.09.2017)

2. Groß- oder Kleinschreibung

a) Die roten Hosen gefallen mir besser als die grünen.

b) Das Treffen mit dem Sänger war etwas Außergewöhnliches für ihn.

c) Das Auspacken der Geschenke ist am spannendsten.

d) Beim Anstehen vor der Kinokasse braucht man viel Geduld.

e) Wandern im Grünen wird immer beliebter.

f) Sie hofft, dass sie morgen nichts Besonderes unternehmen.

3. Schreibweise und Wortart bestimmen

Sie ärgert sich, ~~das~~/**dass** sie zu müde ist, um auszugehen.
K

Das/~~Dass~~ neue Fenster, **das**/~~dass~~ wir eingebaut haben, ist defekt.
A **R**

Morgen kaufen wir **das**/~~dass~~ neue Aquarium im Fachhandel.
A

4. Fehlende Satzzeichen einsetzen

Der Schüler hatte Angst vor der Prüfung, da er nicht genug gelernt hatte. „Das nächste Mal fange ich früher mit der Vorbereitung an“, sagte er zu seinem Freund. Sein Freund sprach ihm vor dem Klassenraum nochmals Mut zu: „Wir schaffen das auf jeden Fall, aber du musst vor allem zuerst an deine Stärken glauben.“ Motiviert trat er schließlich zur Prüfung an, die er auch mit einer guten Note bestand.

Text 1 – Das Schönste vom ganzen Tag (Hansjürgen Weidlich)

Teil I: Lesen

1. Richtige Aussage ankreuzen

a) ☒ froh.
b) ☒ ärgert sich über das Mädchen.
c) ☒ eine Nachbarin.
d) ☒ die Post zu lesen.
e) ☒ einen großen Steinpilz.

2. Richtige Aussage ankreuzen

a) ☒ sehr verärgert ist.
b) ☒ frische Luft braucht.
c) ☒ schadenfroh lacht.

3. Satz im Text finden, der Ähnliches ausdrückt

Aussagen	Zeile(n)
Der Herr machte kurzzeitig die Augen zu und holte kräftig Luft.	10
Dafür bin ich nicht gelassen genug.	40
Abgesehen vom Schluss hörte der Herr das Gesagte gern.	72
Das Sprechen strengte den Herrn an, er atmete schneller.	95 f.

4. Richtige Aussage ankreuzen

a) ☒ Nur C steht im Text.
b) ☒ Nur A und C stehen im Text.

5. Vorkommnisse entsprechend dem Erzählverlauf nummerieren

Vorkommnis	Nummerierung
Der Herr findet einen großen Steinpilz.	4
Der Herr setzt sich zu einer Frau in den Garten.	1
Der Herr freut sich über den schönen Tag, den er erlebt hat.	6
Der Herr geht in den Wald, um Pilze zu sammeln.	3
Der Herr zeigt Herrn Niemeyer seinen großen Steinpilz.	5
Der Herr liest seine Post und schreibt Briefe.	2

6. Zwei Textstellen, die verdeutlichen, dass sich der Herr an der Natur erfreut

Mögliche Lösungen:

- „Der Herr blickte aus dem Fenster. Die Sonne schien, der blaue Himmel war wolkenlos, Vögel sangen ihr Morgenlied … ‚Welch ein schöner Tag!', sagte der Herr freudig zu seiner Frau." (Z. 1 – 5)
- „Der Garten war bunt von blühenden Blumen, Schmetterlinge taumelten über sie hin, die Bienen summten, aus dem Grase stieg der warme Duft der Erde." (Z. 22 ff.)
- „Der Herr freute sich über die Wiesenblumen und Gräser am Wegrand, fröhlich schlenkerte er den Beutel für die Pilze und war voller Zuversicht …" (Z. 79 ff.)
- „Bevor er sich an diesem Abend schlafen legte, sah der Herr noch einmal aus dem Fenster hinaus. Draußen rauschte die Nacht, hell standen die Sterne am klaren Himmel." (Z. 117 ff.)

7. Drei Beispiele, wie es dazu kommt, dass der Herr fast seine gute Laune verliert und was er dagegen unternimmt

Mögliche Lösungen:

- Seine Frau zählt morgens auf, was er alles am Tag unternehmen soll. Als Reaktion darauf schließt er kurz die Augen und atmet einmal tief durch. (vgl. Z. 6 – 10)
- Die Dame klagt ihm ihr Leid, warum sie den Tag nicht genießen könne. Der Mann macht hier nur noch den Anschein, als würde er zuhören, stattdessen schaut er zu den Wolken, um ihrem Gerede zu entgehen. (vgl. Z. 25 – 44)
- Als er die Briefe in seinem Arbeitszimmer beantwortet, wird er zornig und beschließt, in den Wald zu gehen, um sich wieder zu beruhigen. (vgl. Z. 64 – 67)
- Als er seinem Nachbarn im Wald begegnet und dieser ihm die gefundenen Pilze zeigt, kann er nur mit Mühe seinen Zorn und seine Enttäuschung kontrollieren. Als er dann den großen Steinpilz findet, präsentiert er ihn stolz und freut sich über den Ärger des Nachbarn. (vgl. Z. 94 – 116)

8. Zustimmung oder Ablehnung der Behauptung begründen

Zustimmung:

Der Mann ärgert sich sehr darüber, dass der Nachbar Herr Niemeyer so viele Pilze gefunden hat und ihm somit scheinbar keine mehr übrig gelassen hat. Er muss viel Zeit aufwenden, um den großen Steinpilz schließlich zu finden. Nun kehrt seine gute Laune zurück. Wieder zu Hause, lässt er es sich nicht nehmen, direkt zu seinem Nachbarn zu gehen und diesem seinen großen Pilz zu zeigen und ihn zu ärgern. So kehrt seine gute Laune zurück. Als er abends ins Bett geht, ist es das verärgerte Gesicht seines Nachbars, welches ihm einen schönen Tag beschert hat.

Ablehnung:

Im Laufe des Tages erfreut sich der Herr an so vielen schönen Situationen. Er wird morgens von Vögeln, der Sonne und einem blauen Himmel begrüßt. Im Verlauf des Vormittags setzt er sich zu einer Frau in deren wunderschönen Garten und genießt dort die Natur, die Bienen und den Duft der Erde. Auch im Wald erfreut er sich an der Natur, hier in Form eines großen Steinpilzes. Auch bevor er ins Bett geht, nimmt er die schöne Natur in Form der Sterne wahr. Somit spielt der Ärger über den Nachbarn keine Rolle in Bezug auf den von ihm erlebten schönen Tag.

Teil II: Schreiben

Teil II.A: Textproduktion

Hier findest du eine beispielhafte Lösung zu b).

„Der Klügere gibt nach."
Wenn ich mich mal wieder mit meinem kleinen Bruder streite, höre ich von meinen Eltern immer wieder die Aussage, dass der Klügere nachgebe und ich demnach als erster mit dem Streit aufhören solle. Aufgrund dieser Erfahrungen habe ich mir Gedanken über diesen Satz gemacht und möchte nun meine Zustimmung zu dieser Behauptung darlegen.
In jedem Sprichwort steckt eine Wahrheit, so auch in diesem. Es zeigt, dass ich fähig bin, vorauszudenken, wenn ich einem Konflikt oder Streit aus dem Weg gehe, indem ich das Gespräch oder den Streit beende oder erst gar nicht aufkommen lasse. Klügere Menschen erkennen eher, dass sie sich in einer Sackgasse befinden und verlassen diese dann wieder, anstatt noch tiefer hineinzugehen. In einem Streit mit meinem kleinen Bruder bemerke ich vielleicht, dass er sich immer weiter in diesen Streit verstrickt und weil ich dies merke und der Klügere bin, verlasse ich die Sackgasse und somit das Streitgespräch, ohne es auf eine Eskalation der Situation ankommen zu lassen, weil dies nichts bringen würde.
Der Satz trifft auch auf Situationen mit Gleichaltrigen oder Älteren zu. Auch hier wird es in einem Streit zu einer Eskalation kommen, wenn beide Seiten nicht klein beigeben, sondern auf ihren Standpunkten beharren. Ich als der Klügere kann in diesen Momenten einlenken, um die Situation noch zu retten. Nach einem großen Streit fällt es oftmals schwer, sich wieder zu vertragen und jeweils einen Schritt auf den anderen Menschen zuzugehen. Sich wieder zu vertragen, ist deutlich einfacher, wenn das Gespräch oder der Streit vorher nicht eskaliert ist, sondern durch den Klügeren aufgegeben wurde.
Jeder kennt aus seinen Erfahrungen Situationen, die man selbst erlebt oder gesehen hat, bei denen man sich im Nachhinein gedacht hat, dass dieser Streit doch durch ein einfaches Einlenken einer der beiden am Streit beteiligten Personen oder Gruppen hätte verhindert werden können. Deswegen stimme ich der Behauptung „Der Klügere gibt nach" zu. Ich kann mich somit oft als der „Klügere" ansehen, was auch etwas Beruhigendes hat und mir dadurch hilft, der Behauptung entsprechend zu handeln.

Text 2 – 20 Quadratmeter reichen (Heidrun Böger)

Teil I: Lesen

1. Richtige Aussage ankreuzen

a) ☒ 70 Quadratmeter

b) ☒ 20 Quadratmetern.

c) ☒ Amerika.

d) ☒ alte Bauwagen.

e) ☒ vier Monate.

2. Richtige Aussage ankreuzen

a) ☒ jemanden aus einer Notsituation zu befreien.

b) ☒ Wohnraum.

3. Satz im Text finden, der Ähnliches ausdrückt

Aussagen	Zeile(n)
Ein Stift bringt die Ideen von Sebastian Pfeil zu Papier.	21 f.
Einige von Sebastian Pfeils „tiny houses" werden nicht als Wohnraum genutzt.	49
Außerhalb Deutschlands ist das Leben auf engstem Raum bereits alltäglich.	89 f.
Die Wohnfläche der Unterkunft darf eine festgelegte Größe nicht unterschreiten.	105 f.

4. Richtige Antwort ankreuzen

a) ☒ Nur B und C stehen im Text.

b) ☒ Nur A und C stehen im Text.

5. Drei Aspekte nennen, die Sebastian Pfeil bei der Planung und dem Bau der „tiny houses" beachtet

Mögliche Lösungen:

- Der Grundriss muss stimmen, weil auf 20 Quadratmetern Unmögliches möglich gemacht werden muss. (vgl. Z. 17 ff.)
- Er muss den Leuten zuhören, um ihre Wünsche, Erwägungen und Möglichkeiten beachten zu können. (vgl. Z. 19 ff., Z. 72 – 76)
- Im Vorhinein muss geklärt werden, ob ein Wasseranschluss, Stromanschluss oder Gasanschluss vorhanden ist. (vgl. Z. 24 – 27)
- Wenn der Käufer das Haus bewegen möchte, kümmert er sich um die richtige Bereifung und Betriebszulassung. (vgl. Z. 29 ff.)
- Er achtet darauf, dass das Haus einen möglichst kleinen ökologischen Fußabdruck hinterlässt. (vgl. Z. 66 ff.)

6. Vor- und Nachteil der „tiny houses" anhand von Textstellen erläutern

Mögliche Lösungen:

Vorteile:

- „Tiny houses" enthalten auf einem kleinen Raum alles Notwendige, sie sind also zweckmäßig. (vgl. Z. 2 f.)
- Mit einem solchen Haus kann man jederzeit umziehen, weil die Häuser lediglich eine Betriebszulassung und ein Fahrgestell benötigen, damit man sie bewegen kann. (vgl. Z. 29 – 32)
- „Tiny houses" sind vielseitig einsetzbar, zum Beispiel als mobiles Büro oder als Ferienwohnung. (vgl. Z. 49 – 52)
- Sie kosten nur etwa 50.000 Euro und sind somit günstiger als ein richtiges Haus. (vgl. Z. 70 – 72)

Nachteile:
- Sie sind nur 20 Quadratmeter groß und dadurch im Vergleich zu einem normalen Haus oder einer Wohnung sehr klein. (vgl. Z. 13 ff.)
- Um sie bewegen zu dürfen, muss man eine Betriebszulassung haben. (vgl. Z. 29 – 32)
- Ein solches Haus kostet mindesten 50.000 Euro, was schon viel Geld ist. Es gibt viele Leute, die sich das nicht leisten können. (vgl. Z. 70 – 72)

7. Aussage anhand zweier Textstellen erläutern

Mögliche Lösungen:
- Ein solches Haus kann mit Solarzellen, also erneuerbaren Energien, gebaut werden, was zum Umweltschutz beiträgt. (vgl. Z. 25 f.)
- Sebastian Pfeil verwendet alte Bau- oder Zirkuswägen, um neue Häuser herzustellen. Es werden also alte Sachen wiederverwertet, wobei Wert darauf gelegt wird, dass so viel alte Substanz wie möglich erhalten bleibt. (vgl. Z. 36 und Z. 41 ff.)
- Langlebigkeit steht bei seinen Häusern im Vordergrund, damit er einen möglichst kleinen ökologischen Fußabdruck erreichen kann. (vgl. Z. 65 – 68)

8. Unterschiedliche Bedeutungen der Begriffe „Haus" und „Zuhause" erklären

Mögliche Lösungen:
- Bei dem Begriff „Haus" denkt man sofort an etwas fest Gebautes, ein Objekt, das klein, groß, weiß, blau, mit rotem Dach oder mit Flachdach sein kann. Ein solches Objekt kann sich in einer Großstadt, Kleinstadt oder einem Dorf befinden.
- Bei dem Begriff „Zuhause" denkt man sofort an seine Familie, die zu Hause auf einen wartet. Oder man denkt an einen Ort, mit dem man sich verbunden fühlt, an dem man sich wohlfühlt und sich gerne aufhält. Dieser Ort kann losgelöst von meinem Haus, in dem ich wohne, sein.

Teil II: Schreiben

Teil II.A: Textproduktion

Hier findest du eine beispielhafte Lösung zu a).

Mein kleines Traumhaus

Mein Traum ist es, später einmal ein kleines Traumhaus, ein „tiny house", zu haben, mit dem ich immer mal wieder umziehen kann, wann ich es möchte.

Mein Haus müsste auf einem schönen Campingplatz an einem See oder Fluss stehen, sodass ich immer Wasser um mich herum hätte, um schwimmen zu gehen, Boot fahren oder einfach nur das Wasser genießen zu können. Des Weiteren sollte es auf dem Campingplatz einen kleinen Kiosk geben, bei dem man alle wichtigen Lebensmittel einkaufen kann, damit man mehr Zeit auf diesem Platz verbringen kann. Mein Haus hätte auf jeden Fall Räder und ich würde mich um die Betriebserlaubnis kümmern, damit ich immer mal wieder umziehen könnte, wenn es mir an einem Platz zu langweilig werden würde.

Die Außenfarbe meines Hauses müsste weiß sein, weil diese Farbe am hellsten ist und freundlich wirkt. Außerdem sollte es noch eine Markise geben, damit man gemütlich im Schatten vor dem Haus in einer schönen Sitzecke sitzen könnte. Auf dem Dach würde eine Satellitenschüssel stehen, damit ich TV-Empfang habe. Im Inneren meines Traumhauses sollte es auf jeden Fall eine

abgetrennte Schlafecke geben, in die ein 1,40 m breites Bett passt. In der Schlafecke würde ein großes Bild mit einem Wassermotiv hängen, das eine schöne, beruhigende Atmosphäre schafft. Neben der Schlafecke müsste ein kleines Bad mit einer Dusche, einem kleinen Waschbecken und einer Toilette sein, weil ich keine Lust hätte, immer die Waschgelegenheiten des Campingplatzes zu benutzen. Außerdem sollte es eine Küchenzeile mit Herd und Kühlschrank geben, damit man sich etwas kochen und auch Lebensmittel aufbewahren kann. Beim Herd würden mir auch zwei statt vier Herdplatten genügen, dann würde er weniger Platz benötigen, auch der Backofen könnte gerne kleiner sein.
Die Wandfarbe in meinem Haus wäre überall weiß, damit sie neutral ist und ich die Wände gegebenenfalls mit schönen Bildern versehen könnte. Neben meiner Küchenzeile würde ein kleiner runder Holztisch mit Holzstühlen stehen. Diesen Tisch würde ich als Esstisch sowie als Arbeitstisch nutzen, je nachdem, was gerade gebraucht wird. Neben dem Tisch wäre der Heizkörper meines „tiny houses", denn ich möchte es auch im Winter warm haben. An der Wand neben dem Tisch würde mein Fernseher hängen, mit dem ich sowohl TV als auch Filme schauen könnte. An der Decke sollte ein Ventilator hängen, der im Sommer für etwas Abkühlung sorgen würde. Neben diesem wäre eine Hängevorrichtung für mein Fahrrad angebracht, damit ich dieses gesichert innen aufhängen könnte, ohne dass es im Weg ist.
So würde mein kleines Traumhaus aussehen, wenn ich es mir selbst zusammenstellen könnte, damit es gleichzeitig schön und funktionell wäre.

Teil II.B: Sprachliche Richtigkeit

*Bei der **Gewährung von Notenschutz** aufgrund besonderer Schwierigkeiten beim Lesen und Schreiben gemäß § 44 (2) der Verordnung zur Gestaltung des Schulverhältnisses in der für das Prüfungsjahr gültigen Fassung werden im Teil II.B. nur die Aufgaben 3 und 4 gewertet.*
Die Höchstpunktzahl im Teil II.B. beträgt in diesem Fall sieben Punkte.

1. Zehn Rechtschreibfehler markieren und verbessern

An den Küsten der unter besonderem Schutz stehenden Galapagos-Inseln sind ~~seid~~ **seit** Januar 22 Tonnen Müll gesammelt worden. Der Müll werde dahin ~~gehent~~ **gehend** untersucht, ob darin möglicherweise fremde Arten zu finden seien, teilten Vertreter des Nationalparks auf den zu Ecuador gehörenden Inseln mit. Der Müll wird von Mittel- und Südamerika sowie von Asien aus über das Meer zu den Inseln ~~geschwämmt~~ **geschwemmt**.
Der Nationalpark auf den Galapagos-Inseln im Pazifischen Ozean wurde 1959 gegründet. Auf den Inseln leben zahlreiche Arten, die es ~~nirgentwo~~ **nirgendwo** sonst auf der Welt ~~giebt~~ **gibt**, darunter Riesenschildkröten und Pinguine. Seit 1978 zählt die Inselgruppe zum UNESCO-Welterbe.
Zum Schutz der Arten ~~gellten~~ **gelten** besonders strenge Regeln. Ecuador ~~begrentzt~~ **begrenzt** die Zahl der Besucher; auf den vier bewohnten Inseln leben lediglich 26 000 Menschen.
Der Bau ist stark ~~eingeschrängt~~ **eingeschränkt**, erneuerbare Energien werden ~~geföhrdert~~ **gefördert**, Plastiktüten sind verboten. Ein Meeresschutzgebiet rund um die Inseln umfasst 138 000 Quadratkilometer. In einem besonders ~~ausgewisenen~~ **ausgewiesenen** Schutzgebiet von 38 000 Quadratkilometern ist zudem jeglicher Fischfang verboten.

Quelle: Nach: http://www.faz.net/aktuell/gesellschaft/tiere/22-tonnen-muell-an-den-kuesten-der-galapagos-inseln-15500147.html (abgerufen am 20.06.2018)

2. Groß- oder Kleinschreibung

a) Im Großen und Ganzen ist die Lehrerin mit den Leistungen der Klasse zufrieden.

b) In den Ferien ist nichts Außergewöhnliches passiert.

c) Wenn die Ampel Rot zeigt, darf die Straße nicht überquert werden.

d) Das blaue Kleid gefällt der Frau am besten.

e) Einigen Menschen fällt es schwer, morgens aufzustehen.

f) Sie hilft ihrer Freundin beim Einpacken der Geschenke.

3. Schreibweise und Wortart bestimmen

Sie hofft, ~~das~~/**dass** sie die Grammatikregeln verstanden hat.
K

Am Wochenende lese ich **das**/~~dass~~ Buch, **das**/~~dass~~ du mir geschenkt hast.
A **R**

Ich danke dir, ~~das~~/**dass** du mir geholfen hast.
K

4. Satzgefüge vervollständigen

a) Er lässt sich die Pizza schmecken, obwohl *er keine Tomatensoße mag.*

b) Die Tat konnte schnell aufgeklärt werden, weil *der Täter Spuren hinterlassen hatte.*

c) Meine Eltern lassen mich allein in den Urlaub fahren, wenn *ich regelmäßig im Haushalt helfe.*

Deutsch-Prüfung 2020

Text 1 – Hadscha Krey (Klaus Kordon)

Teil I: Lesen

1. Richtige Aussage ankreuzen

a) ☒ ist mit dem Fahrrad unterwegs.
b) ☒ ein Dorfbewohner.
c) ☒ raucht Pfeife.
d) ☒ bei ihnen im Dorf nichts los ist.
e) ☒ sucht einen Lebensmittelladen.

2. Richtige Aussage ankreuzen

a) ☒ verunsichert klingt.
b) ☒ viel Geld.

3. Satz im Text finden, der Ähnliches ausdrückt

Aussagen	Zeile(n)
Matti fiel nicht ein, wie er das Einsteigen in den unbekannten Garten rechtfertigen sollte.	17 f.
Matti entschied sich, zum Wesentlichen überzugehen.	93
Nun hatte er sich verplappert.	113
Matti stimmte zu und hatte den Mut, sich nach Inka zu erkundigen.	123 f.

4. Richtige Aussage ankreuzen

a) ☒ Nur A und D stehen im Text.
b) ☒ Nur B und D stehen im Text.

5. Vorkommnisse entsprechend dem Erzählverlauf nummerieren

Vorkommnis	Nummerierung
Matti erzählt Hadscha, dass er alleine in einem Zelt schläft.	2
Hadscha berichtet Matti von dem mobilen Dorfladen, bei dem man vieles kaufen kann.	4
Matti hat Angst, dass Hadscha misstrauisch wird und sich fragt, wozu er einen Besen in seinem Zelt braucht.	5
Hadscha erzählt, woher er seinen Spitznamen hat.	3
Ein alter Mann tritt Matti in den Weg.	1
Matti fragt Hadscha nach Inka.	6

6. Textstelle anhand eines Beispiels erklären

Mögliche Lösungen:

- Hadscha Krey sieht anders aus, als man sich einen älteren Mann vorstellt. Er hat längere weiße Haare und einen dichten Drei-Tage-Bart. Man sieht ihm seinen häufigen Tabakkonsum an (vgl. Z. 20 – 26).
- Hadscha Krey hat einen eigenwilligen Stil, sich zu kleiden. Er trägt zu große Jeans, die von einem eng gezogenen Gürtel gehalten werden. Demgegenüber steht das blütenweiße Hemd, welches er trägt. Diese beiden Gegensätze lassen sich schwer vereinen (vgl. Z. 26 – 31).

7. a) Anhand einer Textstelle herausarbeiten, wie Matti sich zu Beginn der Begegnung verhält

Mögliche Lösungen:

- Matti begrüßt den Fremden mit einem leisen Hallo, was ihn sehr unsicher erscheinen lässt (vgl. Z. 11 f.).
- Matti weiß nicht, wie er erklären soll, warum er im Garten ist, deswegen schaut er nur verlegen (vgl. Z. 17 ff.).
- Matti sagt Hadscha ehrlich, dass er keine Unterkunft benötigt (vgl. Z. 32 – 38).

b) Anhand einer Textstelle erläutern, warum sich Hadscha Kreys Verhalten im Gespräch verändert

Als Hadscha Krey Matti anspricht, muss er davon ausgehen, dass Matti etwas im Schilde führt, da er sich heimlich vom Gelände schleichen will. Daher verlangt er auch eine Erklärung von Matti. Nach und nach merkt Hadscha, dass Matti keine bösen Absichten verfolgt. Als er das erkennt, ändern sich sein Gesichtsausdruck und sein Verhalten gegenüber Matti (vgl. Z. 56 ff.).

8. Zustimmung oder Ablehnung der Behauptung begründen

Zustimmung:
Hadscha Krey ist Matti gegenüber am Anfang sehr skeptisch, da er befürchtet, einen Dieb vor sich zu haben. Hätte Matti von Anfang an von seiner Unterkunft erzählt, hätte er direkt Vertrauen aufbauen können. Durch seine anfängliche Lüge riskiert er, dass Hadscha ihm gegenüber skeptisch bleibt und eventuell sogar die Polizei holt oder ihm keine Informationen gibt. Daher stimme ich der Behauptung zu.

Ablehnung:
Da sich Matti und Hadscha überhaupt nicht kennen, ist er nicht verpflichtet, ihm mitzuteilen, wo seine Unterkunft ist. Wenn man seine Unterkunft einer fremden Person verrät, kann diese die Information eventuell ausnutzen. Er konnte ja nicht wissen, ob Hadscha eine vertrauenswürdige Person ist. Deswegen stimme ich der Behauptung nicht zu und finde, Matti hat richtig gehandelt.

Teil II: Schreiben

Teil II.A: Textproduktion

Hier findest du eine beispielhafte Lösung zu b).

Die unheimliche Begegnung
Endlich war es soweit. Wir hatten uns seit Wochen darauf gefreut. Meine Freunde Lennard, Kevin, André und ich wollten das verlängerte Wochenende nutzen, um einen gemeinsamen Ausflug zum Grillplatz im Wald zu machen und dort zu zelten. Unsere Eltern hatten nichts dagegen, da wir ja zu viert waren. Also packten wir am Freitagmorgen unsere Sachen. Meine Aufgabe war es, das Essen fürs Wochenende zu kaufen und einzupacken. Ich besorgte also jede Menge Würstchen, Brot und Konserven, damit wir auch wirklich genug Essen haben würden. Ich prüfte, ob mein Fahrrad ausreichend Luft hatte, und ging noch einmal meine Packliste durch. „Hoffentlich habe ich alles eingepackt", dachte ich, aber da ich schon immer gut im Organisieren war, machte ich mir keine weiteren Gedanken. Wir trafen uns am Freitag um zwölf Uhr und fuhren los. Gegen 16.00 Uhr erreichten wir den Wald und fanden auch direkt den Grillplatz. Anschließend bauten wir unsere Zelte auf und gingen Holz für das Feuer suchen. Lennard meinte: „Das wird ein mega Wochenende, vielleicht sehen wir ja auch mal ein Wildschwein." Wir anderen waren nicht begeistert, da wir Angst vor einer solchen Begegnung hatten. Also sprachen wir nicht weiter darüber und machten uns ein schönes Lagerfeuer. Anschließend begannen wir, Würstchen zu braten, genossen die Ruhe und erzählten uns nebenbei alle möglichen Geschichten. Kevin meinte, er hätte schon immer einen solchen Ausflug machen wollen und sei froh, dass wir alle zusammen seien. Wir lachten viel und so ging der Abend schnell vorbei. Irgendwann ging unser Holz zur Neige und André und Kevin sagten, sie würden losgehen, um neues zu organisieren. Die beiden verschwanden im Dunkeln. Nach etwa fünf Minuten hörten wir laute Rufe. Kevin rief aus der Ferne, wir sollten schnell kommen, um ihnen zu helfen. Wir rannten los und ich hoffte innerlich, es mögen keine Tiere sein, denen wir begegnen würden. „Bitte kein Wildschwein", waren meine Gedanken. Als wir schließlich bei unseren beiden Freunden eintrafen, blickten wir doch tatsächlich in die Augen eines Wildschweines, welches sich bedrohlich vor meinen Freunden aufbaute. „Was machen wir denn jetzt?", schrie Kevin. Keiner von uns sagte ein Wort, wir alle hatten riesige Angst. Auf einmal fiel mir eine Unterrichtsstunde aus dem Biologieunterricht ein, in der wir darüber sprachen, wie man in einer solchen Situation vorgehen sollte. Ich sagte ruhig: „Macht keine schnellen Bewegungen, wir müssen uns langsam zurückziehen." Die anderen drei schauten mich fragend an. Ich wiederholte meine Aussage. Zum Glück reagierten sie und wir zogen uns langsam zurück. Das Wildschwein folgte uns und ich dachte schon, dass ich mir das Falsche gemerkt hatte. Aber dann blieb es auf einmal stehen und wir konnten sicher zur Grillstelle zurückkehren. Vor lauter Schreck blieben wir ganz stumm und tauten erst langsam wieder auf. Ich sagte zu den anderen, dass wir großes Glück hatten und nach unserer Rückkehr den anderen in der Schule von dieser Erfahrung unbedingt erzählen müssen. Aufgrund des Schreckens beschlossen wir aber, direkt am nächsten Morgen nach Hause zu fahren. Zu Hause angekommen, erzählten wir zunächst unseren Eltern von der unheimlichen Begegnung. Am nächsten Schultag berichteten wir auch unseren Mitschüler/-innen ausführlich von unserem Wochenende. Zum Glück konnten wir uns gegenseitig unsere Geschichte bezeugen, da sie uns ansonsten sicherlich niemand geglaubt hätte.

Text 2 – Dann ziehen wir das durch (Astrid Herbold)

Teil I: Lesen

1. Richtige Aussage ankreuzen

a) ☒ Cousinen.
b) ☒ vor etwa zwei Jahren.
c) ☒ den USA.
d) ☒ „Jugend forscht".
e) ☒ bestärken ihre Töchter bei ihren Projekten.

2. Richtige Aussage ankreuzen

a) ☒ bekannt.
b) ☒ Gewohnheiten.

3. Satz im Text finden, der Ähnliches ausdrückt

Aussagen	Zeile(n)
Auf diese Art startet die wissenschaftliche Laufbahn der beiden Mädchen.	24
Die jugendlichen Tüftlerinnen müssen ihre Vorgehensweise anders gestalten.	45
Die beiden Mädchen verwenden ohne Probleme Fachbegriffe.	54 f.
Die Anerkennung motiviert.	60 f.

4. Richtige Antwort ankreuzen

a) ☒ Nur B und C stehen im Text.
b) ☒ Nur C und D stehen im Text.

5. Eine Textstelle zitieren, die die Aussage belegt

Mögliche Lösungen:
- „Wer bei solchen Antworten denkt, dass Judith und Eva Techniknerds ohne soziale Kontakte sind, der irrt." (Z. 84 f.)
- „‚Ich spiele auch noch zwei Instrumente', sagt Judith." (Z. 86)
- „Eva macht orientalischen Tanz." (Z. 86 f.)
- „In der Woche treffen sie sich mit Freunden, gehen ihren anderen Hobbys nach." (Z. 87 f.)

6. Eine Textstelle, die zeigt, welchen Nutzen sich Unternehmen versprechen, zitieren

Mögliche Lösungen:
- „Gemeinsames Ziel: Nachwuchs für den Technologiestandort Deutschland herausbilden." (Z. 108 f.)
- „Die Jugendlichen sollen Lust bekommen auf ein Ingenieur- oder Chemiestudium, auf Mathe, Physik, Biologie." (Z. 109 ff.)

7. Durchführung und Auswertung des standardisierten Nagellacktests darstellen

Durchführung: In dieser Phase testen Judith und Eva den Nagellack auf seine Belastbarkeit und wie lange er an Nägeln hält. Dafür haben sie einen Nagellacktestroboter entwickelt, der künstliche, lackierte Fingernägel auf eine Fliese aufschlagen lässt, sie in Spülwasser taucht und über einen Putzschwamm reibt (vgl. Z. 3 f., Z. 6 – 12).
Auswertung: Die beiden Mädchen schreiben extra für die Auswertung ein Computerprogramm, das die RGB-Werte der Vorher-nachher-Fotos vergleicht (vgl. Z. 50 – 54). Ihre Ergebnisse fassen sie zusammen und schreiben Auswertungen von 15 – 20 Seiten. (vgl. Z. 100 f.)

8. Anhand von drei Textstellen drei Fähigkeiten herausarbeiten

Mögliche Lösung:

- Durch das Bauen des Roboters trainieren sie ihr technisches Geschick. (vgl. Z. 46 ff.)
- Ihre Computerkenntnisse werden durch das Erstellen des Computerprogramms erweitert. (vgl. Z. 50 f.)
- Sie sind sehr geduldig und diszipliniert, da sie über einen längeren Zeitraum hinweg an einer Sache arbeiten, auch an den Wochenenden. (vgl. Z. 71 f.)
- Sie erkennen, wenn sie nicht mehr weiterkommen und fragen Judiths ältere Geschwister um Rat. (vgl. Z. 80 f.)

9. Zustimmung oder Ablehnung der Behauptung begründen

Zustimmung:
Ich stimme der Aussage zu, da es bei der Charakterbildung hilft, an einer angefangenen Sache dranzubleiben. Es stärkt das Durchhaltevermögen, auch in Situationen, in denen vielleicht nicht alles wie gewünscht läuft. Im Leben braucht man die Eigenschaft, auch bei Gegenwind oder Unvorhergesehenem seine Sache weiterzuverfolgen.

Ablehnung:
Ich lehne diese Aussage ab, da ich der Meinung bin, dass es nichts bringt, eine Sache durchzuziehen, obwohl man sich bereits in einer Sackgasse befindet. Wenn man dies erkennt, ist es eher klug, das Scheitern anzunehmen und eine andere Sache zu beginnen.

Teil II: Schreiben

Teil II.A: Textproduktion

Hier findest du eine beispielhafte Lösung zu a).

An unserer Schule haben die Schüler/-innen entschieden, sich über die Schülervertretung an die Schulleitung zu wenden – mit der Forderung, mehr Experimente im naturwissenschaftlichen Unterricht durchzuführen. Dieser Forderung geht eine längere Diskussion innerhalb der Schülerschaft voraus. Im Folgenden soll unser Anliegen mit einigen Argumenten unterstützt werden.
Zunächst lässt sich festhalten, dass durch praktische Experimente ein leichterer Zugang zum theoretischen Wissen erfolgen kann. Was man sehen und „anfassen" kann, lässt sich schneller verstehen und einfacher einprägen. Hinzu kommt, dass die Schüler/-innen die Experimente teilweise auch selbstständig durchführen können, dadurch würde das Lernen mithilfe der Praxis noch verstärkt. Wenn man schon einmal selbst eine bestimmte Reaktion hervorgerufen hat, merkt man sich dies dauerhaft und lernt etwas daraus. Experimente machen den theoretischen Unterricht

lebendig und der Spaßfaktor der naturwissenschaftlichen Fächer steigt ungemein. Die Lernenden lösen beim Experimentieren bestimmte Reaktionen aus, die oftmals unerwartet und sehr anschaulich sind. Das verblüfft, weckt Interesse an Naturwissenschaft und erhöht den Spaßfaktor des Faches. Und wenn Lernende an einem Fach Spaß haben, ist auch der Lernerfolg um ein Vielfaches höher. Das schwerwiegendste Argument für mehr Experimente im Unterricht ist der erhöhte Lernfaktor für das gesamte Leben. Experimente, egal in welchem naturwissenschaftlichen Fach, helfen, die Natur zu verstehen bzw. Zusammenhänge zu begreifen. Aus einem solchen Verstehen können eventuell Veränderungen im eigenen Leben erfolgen. Wenn man beispielsweise im Fach Chemie untersucht, wie sich Plastik zersetzt, und somit begreift, dass dies teilweise mehrere hundert Jahre dauern kann, dann führt das auch zu einem Umdenken im eigenen Leben. So wird man anschließend z. B. noch mehr darauf achten, keinen Plastikmüll in der Natur liegen zu lassen, oder überlegen, wo man Plastik im Alltag vermeiden kann. Solch ein Umdenken kann wiederum zu einem unverkennbaren Merkmal eines guten naturwissenschaftlichen Unterrichts werden.
Ich hoffe, Sie können unser Anliegen durch die hervorgebrachten Argumente besser nachvollziehen und werden in Zukunft mehr Experimente im naturwissenschaftlichen Unterricht anbieten.

Teil II.B: Sprachliche Richtigkeit

1. Zehn Rechtschreibfehler markieren und berichtigen

Leise fahren sie über die Kanäle, ~~transportiren~~ **transportieren** Fahrgäste und Lasten oder fügen sich selbstständig zu größeren Plattformen und Brücken zusammen. Selbstfahrende Boote, sogenannte „Roboats", sollen die Straßen von Amsterdam ~~endlasten~~ **entlasten**. Langfristig geplant ist der Aufbau einer Flotte, die vor allem den Innenstadtbereich Amsterdams befährt. Weltweit ~~währe~~ **wäre** dies die erste Nutzung einer größeren Anzahl ~~eingenstendiger~~ **eigenständiger** Wasserfahrzeuge. Bisher haben sich die Erfinder selbstfahrender Schiffe meist auf den Einsatz auf hoher See konzentriert. Fünf Jahre lang wollen sie die „Roboats" zunächst in der niederländischen Metropole testen. Mit ihren ~~knap~~ **knapp** 80 Kanal-Kilometern ist die Stadt dafür ein ideales Versuchsfeld. ~~Bewären~~ **Bewähren** sich die Wasserfahrzeuge, sollen sie weltweit als Transportmittel arbeiten. Die „Roboats" müssen allerdings zusätzlich auch auf etwaige Risiken unter Wasser achten. Die ~~Entwikler~~ **Entwickler** planen, die schwimmenden Roboter auf festgelegten Spuren fahren zu lassen, die den Weg auf dem Wasser vorgeben. Ausgestattet sind sie zudem mit Sensoren, die Wasser- und Luftqualität ~~meßen~~ **messen**. Diese ~~Fähikeit~~ **Fähigkeit** könnte in Städten wichtig sein, in denen stark ~~verschmuztes~~ **verschmutztes** Wasser immer wieder die Gesundheit der Bewohner bedroht.

Quelle: Nach: Jenny Niederstadt, Geo 10/2017, http://www.geo.de/natur/nachhaltigkeit/17436-rtkl-autonomes-fahren-forscher-testen-selbstfahrende-boote-amsterdam (abgerufen am 19.10.2017)

2. Groß- oder Kleinschreibung

a) Zum Frühstücken fehlte schon wieder die Butter.

b) Da war nichts zu machen, sie musste zuerst einkaufen.

c) Es war ein besonders heißer Sommertag, sogar morgens schon.

d) Der Supermarkt war nicht weit entfernt.

e) Beim Ankommen stellte sie entsetzt fest, dass keine Butter da war.

f) Die anhaltende Hitze hatte das Kühlsystem des Supermarktes beschädigt.

3. Schreibweise und Wortart bestimmen

Ich weiß, ~~das~~/**dass** du schwimmen kannst.
K

Er bekam **das**/~~dass~~ Spiel, **das**/~~dass~~ er sich gewünscht hatte, zum Geburtstag geschenkt.
A **R**

~~Das~~/**Dass** du wegläufst, finde ich schade.
K

4. Fehlende Zeichen einsetzen

Jedes Jahr findet in der Schule der Tag der offenen Tür statt**,** den die Schülerinnen und Schüler mitgestalten. **„**Wir werden uns um den Kuchenverkauf kümmern**“,** sagen die Neuntklässler**,** **„**das haben wir im letzten Jahr auch so gemacht.**“** Sie wollen das Geld aus dem Verkauf nicht für sich behalten**,** sondern an eine Organisation spenden.

Text 1 – Viele Götter (Franka Potente)

Teil I: Lesen

1. Richtige Aussage ankreuzen

a) ☒ einen Anzug und eine Krawatte angezogen.
b) ☒ Thunfisch mit Reis
c) ☒ im Oshinko Tower
d) ☒ klebt an seiner Augenbraue.

2. Richtige Aussage ankreuzen

a) ☒ verunsichert.
b) ☒ mit Erstaunen.

3. Satz im Text finden, der Ähnliches ausdrückt

Aussagen	Zeile(n)
Unter allen Umständen wollte er diese Anstellung.	24
Im Grunde war das ein längerer Weg.	34
Beinahe hätte er ihr sein Herz ausgeschüttet, aber das ging nicht.	50 f.
Sie tippte sehr schnell in ihren Laptop.	80

4. Richtige Aussage ankreuzen

a) ☒ Nur A und D stehen im Text.
b) ☒ Nur B und C sind richtig.

5. Vorkommnisse entsprechend dem Erzählverlauf nummerieren

Vorkommnis	Nummerierung
Der Mann sucht das Hochhaus, in dem sein Bewerbungsgespräch stattfinden wird.	3
Der Mann verlässt das Lokal, in dem er gegessen hat.	2
Der Mann geht in Gedanken seine Qualifikationen durch.	5
Mithilfe einer jungen Frau findet der Mann das Reiskorn wieder.	6
Der Mann sucht ein Reiskorn.	1
Der Mann meldet sich an der Rezeption an.	4

6. a) Textstelle zitieren, die zeigt, warum dem Mann das Bewerbungsgespräch so wichtig ist

Mögliche Lösungen:
- „Er wollte diesen Job unbedingt." (Z. 24)
- „Es wurde Zeit für eine eigene Wohnung" (Z. 25).
- „Er wollte eine Freundin, er musste Geld verdienen, auf eigenen Füßen stehen." (Z. 25 ff.)

b) Zwei berufliche Qualifikationen des Mannes nennen

Mögliche Lösungen:
- Sein Jurastudium hat er in Kyoto als Zweitbester seines Jahrgangs abgeschlossen. (vgl. Z. 84 f.)
- Er hat bei Yukonishi Ltd. ein sechsmonatiges Praktikum absolviert. (vgl. Z. 85 ff.)
- Englisch spricht er fließend. (vgl. Z. 87)

7. Maßnahmen für das Gelingen des Bewerbungsgespräches anhand zweier Textstellen erläutern

Mögliche Lösungen:
- Er sucht ein einzelnes Reiskorn, um die Götter nicht zu erzürnen. (vgl. Z. 1, Z. 9 ff.)
- Er bindet sich zum ersten Mal im Leben eine Krawatte. (vgl. Z. 14 – 17)
- Bevor er zu seinem Bewerbungsgespräch aufbricht, betet er in der Wohnung vor dem Shinto-Schrein und dem Buddha-Altar, um die Götter auf seiner Seite zu haben. (vgl. Z. 21 – 24)
- Auf dem Weg zum Gespräch macht er einen Umweg, um die große Glocke beim Yasukuni-Schrein zu läuten. (vgl. Z. 32 ff.)
- Während er auf den Gesprächstermin wartet, geht er im Kopf noch einmal die wichtigsten Punkte durch, damit er diese nicht vergisst. (vgl. Z. 83 – 88)

8. Anhand einer Textstelle die Bedeutung des Reiskorns für den Mann herausarbeiten

Mögliche Lösungen:
- In Japan glaubt man, dass in jedem Reiskorn viele Götter wohnen. (vgl. Z. 9) An diesem für ihn so wichtigen Tag möchte er alle Götter auf seiner Seite haben, damit er diesen Job bekommt.
- Der Mann betont, in seiner Familie sei noch nie ein Reiskorn verloren gegangen oder auf den Boden gefallen. Daher ist es ihm so wichtig, das Korn wiederzufinden. (vgl. Z. 11 ff.)
- Das verlorene Reiskorn scheint für ihn den Wert eines Glücksbringers zu haben, weil er beim Wiederfinden des Kornes für sich feststellt, dass die Götter es gut mit ihm meinen. (vgl. Z. 111 – 114)

9. **Zustimmung oder Ablehnung der Behauptung begründen**

Zustimmung:
Das wiedergefundene Reiskorn kurz vor Beginn des für ihn wichtigen Bewerbungsgesprächs gibt ihm die Sicherheit und Gewissheit, das Gespräch gut zu meistern. Er ist sich nun sicher, dass die Götter ihn unterstützen. Daran hatte er bei der Suche nach dem einen Reiskorn aufgrund der Tradition in Japan und seiner Familie gezweifelt. Nachdem er es gefunden hat, ist er sich sicher, dass sein Gespräch erfolgreich sein wird.

Ablehnung:
Wenn der Mann den Job bekommt, dann wird dies nicht aufgrund des wiedergefundenen Reiskorns geschehen, sondern allein aufgrund seiner Eignung und Leistung. Ein Reiskorn allein ist nicht entscheidend bei diesem Bewerbungsgespräch.

Teil II: Schreiben

Teil II.A: Textproduktion

Hier findest du eine beispielhafte Lösung zu b).

Meine erste eigene Wohnung
Nun habe ich es also endlich geschafft. Meine Ausbildung habe ich erfolgreich abgeschlossen und direkt einen passenden Job gefunden, der es mir ermöglicht, bei meinen Eltern auszuziehen. Nach monatelanger Suche habe ich meine erste eigene Wohnung gefunden, die ich im Folgenden beschreiben werde.
Mir ist es sehr wichtig, dass meine Wohnung in der Nähe der Innenstadt liegt, damit ich alles fußläufig oder mit öffentlichen Verkehrsmitteln erreichen kann, mein Freundeskreis aber auch schnell und bequem zu mir kommen kann. Meine Wohnung befindet sich in einer Seitenstraße der Berger Straße in Frankfurt. Die Berger Straße ist bekannt für ihre Restaurants und Läden und es gibt eine U-Bahn-Station in der Nähe. Meine Zweizimmerwohnung hat eine Fläche von 50 Quadratmetern und befindet sich im 2. Stock eines Mehrfamilienhauses mit einem Balkon zum Innenhof. In jedem Stockwerk befinden sich jeweils zwei Wohnungen, sodass auf meiner Etage nur noch eine weitere Person lebt.
Das Haus hat einen Aufzug, was sehr bequem ist. Neben den zwei Zimmern und einem Balkon hat die Wohnung eine Küche und ein kleines Bad. Zudem gibt es noch einen kleinen Flur zwischen den Zimmern. Das Schlafzimmer, welches Richtung Innenhof liegt, hat eine Größe von 10 Quadratmetern. An der Fensterfront befindet sich der kleine, aber gemütliche Balkon. Das Zimmer ist mit einem hellen Teppich ausgelegt. Mein Bett steht mittig im Raum an der Wand. Neben dem Bett stehen ein zweitüriger Kleiderschrank sowie eine weiße Kommode.
Geht man aus der Tür des Schlafzimmers, gelangt man in den kleinen Flur, von dem das Bad abgeht. Hier gibt es ein Waschbecken sowie eine kleine Dusche und eine Toilette. Gegenüber liegt das Wohnzimmer, welches eine Größe von 20 Quadratmetern und eine große Fensterfront hat. Auch hier liegt ein heller Teppich. Vor der Fensterfront steht auf einem Fernsehtisch mein Fernseher. Rechts daneben habe ich eine große Regalwand mit eingebautem Schreibtisch, auf dem der Computer steht. Hier habe ich viel Platz für meine Bücher und Arbeitsmaterialien. Gegenüber dem Fernseher steht mein großes Sofa, auf dem auch Besuch übernachten kann.
Nun fehlt noch die Küche, die sich rechts vom Bad befindet. In der Küche ist eine kleine Küchenzeile mit einer Spülmaschine, einem Kühlschrank, einem Herd sowie einem Spülbecken verbaut. An der

linken Wand gibt es zwei weiße Küchenschränke für Gläser, Geschirr, Besteck usw. Vor dem großen Fenster steht mein ausziehbarer Küchentisch mit vier Stühlen. Die Küchenausstattung habe ich gebraucht gekauft und werde sie nach und nach erneuern.
Dies ist meine erste eigene Wohnung, von der sich nun jeder ein Bild machen kann.

Text 2 – Klim steht Kopf (Julia Muth)

Teil I: Lesen

1. Richtige Aussage ankreuzen

a) ☒ freeze.
b) ☒ Tanz und Akrobatik.
c) ☒ seit mehreren Jahren in einer Tanzschule.
d) ☒ auf der Straße.

2. Richtige Aussage ankreuzen

a) ☒ seine Erstarrung im Handstand auflöst.
b) ☒ eine ungewöhnliche Begabung für Breakdance hat.

3. Satz im Text finden, der Ähnliches ausdrückt

Aussagen	Zeile(n)
Zu tanzen und dann auf einmal die Bewegung anzuhalten – das ist zentral beim Breakdance.	11 ff.
Gelegentlich braucht Klim etwas mehr Zeit, bevor er eine neue Pose kann.	23 f.
Er denkt daran zurück, wie er zu Beginn furchtsam in der Tanzschule saß und nicht den Mut hatte, sich zu beteiligen.	87 ff.
Sein Trainer Maxim ruft ihm ins Gedächtnis, dass er gerade mal neun Jahre alt ist.	99 f.

4. Richtige Antwort ankreuzen

a) ☒ Nur B und D stehen im Text.
b) ☒ Nur A und D stehen im Text.

5. Vorkommnisse entsprechend dem Erzählverlauf nummerieren

Vorkommnis	Nummerierung
Klim macht spontan bei seinem ersten Wetttanzen mit.	4
Klim nimmt an den Europameisterschaften in Italien teil.	5
Breakdance entsteht in Amerika.	1
Klims Eltern bemerken sein gutes Taktgefühl.	2
Die nächste Olympiade findet in Frankreich statt.	6
Klim geht zum ersten Mal in die Tanzschule.	3

6. Eine Textstelle, die zeigt, wie sich Klim nach der Europameisterschaft gefühlt hat, zitieren

Mögliche Lösungen:

- „Als Klim aus Italien zurückreiste, hatte er eher ein kleines und nicht mehr so gutes Gefühl." (Z. 95 ff.)
- „Natürlich sei er enttäuscht gewesen, erzählt er." (Z. 98 f.)

7. Anhand von Textbeispielen drei Eigenschaften/Fähigkeiten für erfolgreichen Breakdance erläutern

Mögliche Lösungen:

- Um die verschiedenen Figuren tanzen zu können, braucht man unter anderem Muskelkraft, die trainiert werden muss. (vgl. Z. 25 ff.)
- Um sich zu verbessern, braucht man Ehrgeiz und Disziplin, weil Breakdance viel Übung und Training erfordert. (vgl. Z. 23 f., Z. 91 f.)
- Man sollte musikalisch begabt sein und Taktgefühl haben. (vgl. Z. 17 f., Z. 83 f.)
- Die Bewegungen sind nicht fest einstudiert, was bedeutet, dass man spontan auf die Musik reagiert. Man muss kreativ sein und eigene Ideen haben. (vgl. Z. 35 – 38, Z. 47 ff., Z. 75 ff.)

8. Erklären, welche Hoffnung Klims Trainer mit Breakdance als olympischer Sportart verbindet

Klims Trainer Maxim verbindet mit Breakdance als olympischer Sportart die Hoffnung, dass diese Sportart dann endlich ernst genommen wird. (vgl. Z. 110 f.) Er betont, dass Breakdancer keine Zirkusäffchen sind, dass sie sehr viel trainieren und dafür viel zu wenig Anerkennung erhalten. (vgl. Z. 111 ff.)

9. Anhand des Textes erklären, warum das Zitat auf Klim zutrifft

Klim ist sehr fleißig. Dies zeigt sich daran, dass er als Neunjähriger bereits jeden Morgen Liegestütze macht und sich jeden Abend dehnt. (vgl. Z. 26 – 29) Zudem trainiert er teilweise an bis zu fünf Tagen in der Woche in der Tanzschule. (vgl. Z. 91 f.) Als Klim drei Jahre alt war, haben seine Eltern bereits bemerkt, dass er ein außergewöhnliches Taktgefühl besitzt. (vgl. Z. 83 ff.) Diese Verbindung von Fleiß und Begabung machen Klims Erfolg aus, deshalb trifft das Zitat von Johannes Kepler auf ihn zu.

Teil II: Schreiben

Teil II.A: Textproduktion

Hier findest du eine beispielhafte Lösung zu b).

Strahlende Sieger/-innen bei Tanzwettbewerb

Bei uns an der Schule fand am 1. Juli der lang geplante und herbeigesehnte Tanzwettbewerb statt. Dieser begann um 18 Uhr in unserer Turnhalle und fand bei allen Beteiligten ein positives Feedback.

An unserer Schule gibt es seit vielen Jahren eine Arbeitsgemeinschaft „Tanzen" für die Klassen 9 und 10, die zum Ziel hat, verschiedene Arten des Tanzes zu vermitteln. Letztes Jahr kam aus den Reihen der teilnehmenden Schüler/-innen die Idee, einen Tanzwettbewerb in der Schule zu organisieren, um am Ende ein Schulsiegerpaar küren zu können. Damit traten sie an die Lehrerin Frau Hofmann heran, die sich von der Idee begeistert zeigte. Auch die Schulleitung gab ihr Einverständnis und die Lernenden konnten mit der Planung beginnen. Als Unterstützung konnten sie die ortsansässige „Tanzschule Grimm" gewinnen, die sich bestens mit der Organisation und Durchführung solcher Tanzwettbewerbe auskennt.

Nun hieß es also, alles vorzubereiten, aber nebenbei auch für den Wettbewerb zu üben. Zunächst stellte sich die Frage nach einem geeigneten Veranstaltungsort. Schließlich kam der entscheidende Tipp vom Hausmeister, der die große Turnhalle vorschlug. In der nächsten Sitzung schaute sich der Kurs die Turnhalle genau an, überlegte gemeinsam, ob die installierte Musikanlage ausreichen würde, ob der Boden zum Tanzen geeignet sei und wo sich die Paare vorbereiten könnten. Für alle offenen Fragen und Probleme konnten schnell Lösungen gefunden werden, sodass die Turnhalle als Veranstaltungsort feststand.

Als Nächstes ging es darum, Teilnehmende zu finden und festzulegen, welche Tanzrichtungen getanzt werden sollen. Dabei kam die Idee auf, die beiden Nachbarschulen in den Wettbewerb mit einzubeziehen. Dies wurde von allen drei Schulen begrüßt, sodass nun die Werbeplakate ausgehängt werden konnten. Insgesamt haben sich erfreulicherweise 30 Tanzpaare zum Wettbewerb angemeldet. Diese sollten in den Kategorien Hip-Hop, Standard und Modern Dance antreten.

Das größte Problem bei der Planung war der genaue Ablauf der Veranstaltung. Wie viele Runden sollten getanzt werden? Wer würde in der Jury sitzen? Wie lange würde der gesamte Wettbewerb dauern? Mit Hilfe einiger Lehrkräfte konnten all diese Fragen beantwortet werden. Es wurde festgelegt, dass es drei Runden geben würde, in der jeweils zwei Paare ausscheiden würden. Die Sportlehrkräfte waren sofort bereit, die Jury zu bilden. Als Dauer wurden vier Schulstunden mit zwei größeren Pausen angesetzt.

Endlich war der große Tag gekommen: Nach der Begrüßung durch die Schulleitung und einer kurzen Einführung durch die Tanz-AG ging der Tanzwettbewerb los. Es stellte sich schnell heraus, dass alle teilnehmenden Paare gut vorbereitet waren und viel Applaus erhielten. Die Teilnehmenden gaben alles und zeigten teilweise hochklassige Tänze. Aber am Ende konnte es in jeder Disziplin nur drei Siegerpaare geben. Diese wurden bei der Siegerehrung noch einmal gefeiert, sie strahlten aufgrund des großen Jubels um die Wette. Die Erstplatzierten erhielten alle einen Pokal, der vom Förderverein gesponsert wurde. Nach der Veranstaltung waren sich alle einig, dass es ein tolles und gelungenes Projekt war, das unbedingt wiederholt werden sollte.

Teil II.B: Sprachliche Richtigkeit

1. Zehn Rechtschreibfehler markieren und berichtigen

Beschrieben wurden Grönlandhaie zum ersten Mal im Jahr 1801. Und da die Meerestiere auch heutzutage immer wieder Fischern als Beifang ins Netz gehen, wissen wir: Ihr Körper gleicht einem Torpedo, ist im ~~Durchschnit~~ **Durchschnitt** vier bis fünf Meter lang und von einer graubraunen bis olivgrünen Haut umspannt. Die ~~Flosen~~ **Flossen** des Fisches sind ~~verhältnismäsig~~ **verhältnismäßig** klein. Der Grönlandhai mag es kühl, schwimmt am liebsten durch maximal zwölf Grad Celsius kaltes Wasser – und ~~beforzugt~~ **bevorzugt** daher tiefere Regionen bis 2000 Meter ~~unterhalp~~ **unterhalb** der Meeresoberfläche. Kein Wunder, dass Forscher oder Fischer nur sehr selten ein lebendiges Exemplar zu Gesicht bekommen. Um die Schwimmgeschwindigkeit der Haie zu ermitteln, ~~stateten~~ **statteten** Forscher einige Tiere vor der Küste Spitzbergens mit Sendern aus. Die Messungen ergaben: Grönlandhaie ~~zihen~~ **ziehen** im Zeitlupentempo durch die eisigen Gewässer und ~~spahren~~ **sparen** auf diese ~~weise~~ **Weise** Energie. Überhaupt läuft der gesamte Organismus der Grönlandhaie auf Sparflamme: Sie wachsen nur einen, höchstens zwei Zentimeter pro Jahr. Mit ~~runt~~ **rund** anderthalb Jahrhunderten, also nach 150 Jahren, bekommt ein Weibchen erstmals Nachwuchs!

Quelle: Nach: https://www.geo.de/geolino/tierlexikon/22050-rtkl-tierlexikon-groenlandhai-der-grosse-unbekannte (abgerufen am 15.04.2020)

2. Groß- oder Kleinschreibung

b) Die Freundinnen einigen sich auf eine (längere) Runde durch Wald und Feld.

c) Gemeinsam starten sie gut gelaunt ihren Ausflug ins (Grüne).

f) Sie beenden ihren Spaziergang (mittags) mit einem Besuch am Kiosk.

3. Schreibweise und Wortart bestimmen

Hast du **das**/~~dass~~ Päckchen bekommen, **das**/~~dass~~ ich dir geschickt habe?
A **R**

Ich hoffe, ~~das~~/**dass** dir mein Geschenk gefällt.
K

Es war das schönste Exemplar, **das**/~~dass~~ ich finden konnte.
R

4. Fehlende Zeichen einsetzen

Weil nach den Sommerferien die Berufsausbildungen beginnen**,** sollten die zukünftigen Auszubildenden ihre letzten Schulferien in vollen Zügen genießen.
„Ich fahre gemeinsam mit einer Freundin zwei Wochen nach Italien**“,** berichtet Susi. **„**Wir werden dort auf einem Zeltplatz übernachten**,** der direkt am Gardasee liegt.**“**
Nach dem Urlaub startet Susi mit ihrer Ausbildung**,** auf die sie sich schon sehr freut.

Notizen

1. Grundlagen

Aufgabe 1

-6,53 · 8,17 = -53,3501

Das Ergebnis ist negativ, weil die beiden Faktoren verschiedene Vorzeichen haben.

$$\begin{array}{r} \underline{6{,}53 \cdot 8{,}17} \\ 5224 \\ 653 \\ \underline{\overset{}{4571}} \\ {\scriptstyle 1\,1\,1} \\ 53{,}3501 \end{array}$$

2 + 2 Dezimalen
↓
4 Dezimalen

Aufgabe 2

14,2614 : 5,13

↓ Komma um 2 Stellen verschieben

1426,14 : 513 = 2,78

$$\begin{array}{l} \underline{1026} \\ 4001 \\ \underline{3591} \\ {\scriptstyle 1} \\ 4104 \\ \underline{4104} \\ - \end{array}$$

Aufgabe 3

20,001 kg = 0,020001 t

Das Komma wird um 3 Stellen nach links verschoben, weil 1 t = 1000 kg

45 m^2 = 450 000 cm^2

Das Komma wird um 4 Stellen nach rechts verschoben, weil 1 m^2 = 10 000 cm^2

812 l = 812 dm^3 = 812 000 000 mm^3 **Beachte:** 1 l = 1 dm^3

Das Komma wird um 6 Stellen nach rechts verschoben, weil 1 dm^3 = 1 000 000 mm^3

Aufgabe 4

60 % von 240 m = 144 m

$$\begin{array}{ll} & 100\ \% \triangleq 240\text{ m} \\ :10 & \\ & 10\ \% \triangleq 24\text{ m} \\ \cdot 6 & \\ & 60\ \% \triangleq 144\text{ m} \end{array}$$

$\frac{3}{4}$ von 200 m = 150 m

$$\begin{array}{ll} & \frac{4}{4} \triangleq 200\text{ m} \\ :4 & \\ & \frac{1}{4} \triangleq 50\text{ m} \\ \cdot 3 & \\ & \frac{3}{4} \triangleq 150\text{ m} \end{array}$$

$\Rightarrow \frac{3}{4}$ von 200 m > 60 % von 240 m

Aufgabe 5

Bei 6 cm sind 75 %
4,5 cm.

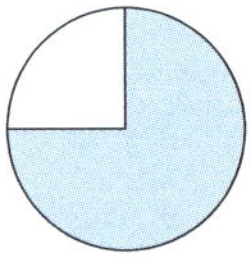

Bei 360° sind 75 %
270°.

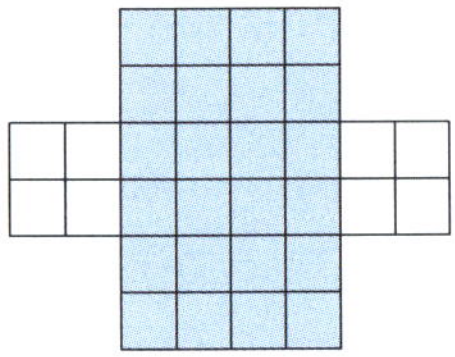

Bei 32 Kästchen sind 75 %
24 Kästchen.

Aufgabe 6

Zuerst müssen alle Größen in die gleiche Einheit verwandelt werden.

$0{,}012\ \text{l} = 0{,}012\ \text{dm}^3 = 12\ \text{cm}^3$ Die Umrechnungszahl ist jeweils 1000!

$12\,000\ \text{cm}^3 = 12\,000\ \text{cm}^3$

$120\,000\ \text{mm}^3 = 120\ \text{cm}^3$

$12\ \text{cm}^3 < 120\ \text{cm}^3 < 12\,000\ \text{cm}^3$

$0{,}012\ \text{l} < 120\,000\ \text{mm}^3 < 12\,000\ \text{cm}^3$

2. Richtig oder falsch

Aufgabe 1

Die Darstellung ist falsch.
Die Summe der Prozentwerte ist über 100 %.

A (30 %) + B (20 %) + C (30 %) + D (10 %) + E (20 %) = 110 %

Aufgabe 2

a) Die Aussage ist richtig, denn in jedem Dreieck beträgt die Winkelsumme 180°.

b) Die Aussage ist falsch, denn es könnte $\alpha = 10°$ und $\beta = 10°$ sein.
Dann wäre $\gamma = 180° - 20° = 160°$
$10° + 10° > 160°$ ist falsch

c) Die Aussage ist falsch, denn das Dreieck könnte auch folgende Form haben:

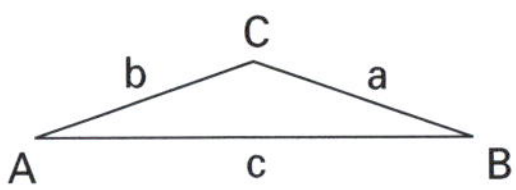

d) Die Aussage ist richtig. Wenn $\gamma = 90° \Rightarrow \alpha + \beta = 90°$, weil $\alpha + \beta + \gamma = 180°$ ist.

Aufgabe 3

a) An der Schule II sind prozentual mehr Mädchen als an der Schule I.
Die Aussage kann richtig oder falsch sein.

Annahme A

Schule I	**Schule II**
1000 Schülerinnen und Schüler	500 Schülerinnen und Schüler
davon 60 % Mädchen	davon 70 % Mädchen
≙ 600 Mädchen	≙ 350 Mädchen

Bei dieser Schülerzahl wäre die Aussage falsch.

Annahme B

Schule I	**Schule II**
500 Schülerinnen und Schüler	1200 Schülerinnen und Schüler
davon 60 % Mädchen	davon 70 % Mädchen
≙ 300 Mädchen	≙ 840 Mädchen

Bei dieser Schülerzahl wäre die Aussage richtig.

b) Auch diese Aussage kann richtig oder falsch sein.

Aufgabe 4

a) Die Aussage ist richtig, denn $a + b > c$.

b) Die Aussage ist falsch, denn $\alpha + \gamma = 184°$. Im Dreieck ist aber die Summe aller drei Winkel 180°.

c) Die Aussage ist falsch. Wenn $\alpha = 90°$ ist, dann ist dies auch der größte Winkel. Dem größten Winkel muss aber auch die längste Seite gegenüberliegen. Die gegenüberliegende Seite a ist aber nicht die längste Seite, weil $a < c$.

d) Die Aussage ist richtig, denn dem größten Winkel β liegt auch die größte Seite b gegenüber.

Aufgabe 5

Es gilt:

$y = 2 \cdot x \qquad z = 3 \cdot y \qquad \Rightarrow \qquad z = 3 \cdot 2\,x$

$z = 6\,x$

a) Die Aussage ist falsch, denn $z = 6 \cdot x$.

b) Die Aussage ist richtig. Wenn $z = 6 \cdot x$ ist, dann gilt $x = \frac{1}{6}\,z$.

c) Die Aussage ist falsch.

d) Die Aussage ist richtig.

$$y + 4 \cdot x = z$$
$$\downarrow \qquad \downarrow$$
$$2 \cdot x + 4 \cdot x = 6 \cdot x$$
$$6 \cdot x = 6 \cdot x$$ Wahre Aussage!

Aufgabe 6

a) Die Aussage ist richtig: $x \triangleq$ Anzahl der Einzelzimmer (1 Bett)
$y \triangleq$ Anzahl der Doppelzimmer (2 Betten)
$34 \triangleq$ Anzahl der Betten

b) Die Aussage ist falsch. Die Aussage wäre richtig, wenn es heißen würde:
$x + 2 \cdot x = 34$

c) Die Aussage ist richtig: $x \triangleq$ Preis für 1 kg Fleisch (Kauf 1 kg)
$y \triangleq$ Preis für 1 kg Wurst (Kauf 2 kg)
$34 \triangleq$ Betrag in €

3. Gleichungen – Umstellen von Formeln

Aufgabe 1

a) $4x - (2x - 1) = -(-2 + 15x)$ Beim Auflösen einer Minusklammer ändern sich die Vorzeichen.
$4x - 2x + 1 = 2 - 15x$
$2x + 1 = 2 - 15x$ | + 15x
$17x + 1 = 2$ | – 1
$17x = 1$ | : 17
$x = \frac{1}{17}$

b) $2{,}8 - 3 \cdot 2{,}6x + 12{,}1 - x = 6 \cdot 5{,}2 - 3{,}4x - 0{,}1$ — vereinfachen
$2{,}8 - 7{,}8x + 12{,}1 - x = 31{,}2 - 3{,}4x - 0{,}1$ — zusammenfassen
$-8{,}8x + 14{,}9 = 31{,}1 - 3{,}4x$ | + 3,4x — auf beiden Seiten: + 3,4x
$-5{,}4x + 14{,}9 = 31{,}1$ | – 14,9 — auf beiden Seiten: – 14,9
$-5{,}4x = 16{,}2$ | : (-5,4) — auf beiden Seiten: (-5,4)
$x = -3$

Aufgabe 2

$x \cdot 5 + 4 + 3x = 84 - 2x$
$\underline{\underline{9x}} + 3x = 84 - 2x$

Es muss heißen:
$5x + 4 + 3x = 84 - 2x$
$8x + 4 = 84 - 2x$ | + 2x
$10x + 4 = 84$ | – 4
$10x = 80$ | : 10
$x = 8$

Aufgabe 3

$$\begin{aligned}(24x - 320) : 4 - 8x \cdot 12 &= (20x + 22) : 2 - 1\\ 6x - 80 - 96x &= 10x + 11 - 1\\ -90x - 80 &= 10x + 10 && \mid -10x\\ -100x - 80 &= 10 && \mid +80\\ -100x &= 90 && \mid :(-100)\\ x &= -\frac{9}{10}\\ \text{oder } x &= -0{,}9\end{aligned}$$

Aufgabe 4

$$\begin{aligned}\frac{3 \cdot (x-4)}{5} + \frac{7 \cdot (6-2x)}{10} &= \frac{5 \cdot (-3x+1)}{2} + 6 && \text{mit dem HN = 10 multiplizieren}\\ \frac{\overset{2}{\cancel{10}} \cdot 3\,(x-4)}{\cancel{5}} + \frac{\cancel{10} \cdot 7\,(6-2x)}{\cancel{10}} &= \frac{\overset{5}{\cancel{10}} \cdot 5\,(-3x+1)}{\cancel{2}} + 10 \cdot 6 && \text{kürzen}\\ 6\,(x-4) + 7\,(6-2x) &= 25\,(-3x+1) + 60 && \text{Klammern auflösen}\\ 6x - 24 + 42 - 14x &= -75x + 25 + 60 && \text{zusammenfassen}\\ -8x + 18 &= -75x + 85 && \mid +75x\\ 67x + 18 &= 85 && \mid -18\\ 67x &= 67 && \mid :67\\ x &= 1\end{aligned}$$

Aufgabe 5

$$\begin{aligned}\frac{14x-12}{3} - \frac{5\,(x-5)}{6} - 3 &= \frac{x-1}{2} - \frac{1{,}5\,(18x+60)}{4} && \text{mit dem HN = 12 multiplizieren}\\ \frac{\overset{4}{\cancel{12}}\,(14x-12)}{\cancel{3}} - \frac{\overset{2}{\cancel{12}} \cdot 5\,(x-5)}{\cancel{6}} - 3 \cdot 12 &= \frac{\overset{6}{\cancel{12}}\,(x-1)}{\cancel{2}} - \frac{\overset{3}{\cancel{12}} \cdot 1{,}5\,(18x+60)}{\cancel{4}} && \text{kürzen}\\ 4\,(14x-12) - 10\,(x-5) - 36 &= 6\,(x-1) - 4{,}5\,(18x+60) && \text{Klammern auflösen}\\ 56x - 48 - 10x + 50 - 36 &= 6x - 6 - 81x - 270\\ 46x - 34 &= -75x - 276 && \mid +75x\\ 121x - 34 &= -276 && \mid +34\\ 121x &= -242 && \mid :121\\ x &= -2\end{aligned}$$

Aufgabe 6

a)

$$\begin{aligned}A &= \frac{1}{2}\,e \cdot f && \mid \cdot 2\\ 2 \cdot A &= e \cdot f && \mid :f\\ e &= \frac{2 \cdot A}{f}\end{aligned}$$

b)

$$V = \frac{1}{3} r^2 \pi \cdot h \qquad | \cdot 3$$
$$3 \cdot V = r^2 \pi \cdot h \qquad | : (r^2 \pi)$$
$$h = \frac{3 \cdot V}{r^2 \pi}$$

$$V = \frac{1}{3} r^2 \pi \cdot h \qquad | \cdot 3$$
$$3 \cdot V = r^2 \pi \cdot h \qquad | : (\pi h)$$
$$\frac{3 \cdot V}{\pi h} = r^2 \qquad | \sqrt{}$$
$$r = \sqrt{\frac{3 \cdot V}{\pi h}}$$

c)

$$A = \frac{a + c}{2} \cdot h \qquad | \cdot 2$$
$$2 \cdot A = (a + c) \cdot h \qquad | : (a + c)$$
$$h = \frac{2 \cdot A}{a + c}$$

$$A = \frac{a + c}{2} \cdot h \qquad | \cdot 2$$
$$2 \cdot A = (a + c) \cdot h \qquad | : h$$
$$\frac{2 \cdot A}{h} = a + c \qquad | - a$$
$$c = \frac{2 \cdot A}{h} - a$$

d)

$$Z = \frac{K \cdot p \cdot t}{100 \cdot 360} \qquad | \cdot (100 \cdot 360)$$
$$100 \cdot 360 \cdot Z = K \cdot p \cdot t \qquad | : (p \cdot t)$$
$$K = \frac{360 \cdot 100 \cdot Z}{p \cdot t}$$

e)

$$A = \frac{\alpha}{360°} r^2 \pi \qquad | \cdot 360°$$
$$360° \cdot A = \alpha \cdot r^2 \pi \qquad | : (r^2 \pi)$$
$$\alpha = \frac{360° \cdot A}{r^2 \pi}$$

$$A = \frac{\alpha}{360°} r^2 \pi \qquad | \cdot 360°$$
$$360° \cdot A = \alpha \cdot r^2 \pi \qquad | : (\alpha \pi)$$
$$r^2 = \frac{360° \cdot A}{\alpha \cdot \pi} \qquad | \sqrt{}$$
$$r = \sqrt{\frac{360° \cdot A}{\alpha \cdot \pi}}$$

4. Proportionale und antiproportionale Zuordnungen

Aufgabe 1

a) Anhand der Zahlenpaare (0,5 I 72) und (4 I 9) erkennt man, dass es sich um Produktgleichheit handelt:

$x \cdot y = 36$ — Es liegt also eine antiproportionale Zuordnung vor: $x \cdot y$ = konstant

$0{,}5 \cdot 72 = 36$

$4 \cdot 9 = 36$

x	0,5	1	-2	3	4	6	5
y	72	36	-18	12	9	6	7,2

b) Anhand der Zahlenpaare (-6 | -9) und (12 | 18) erkennt man, dass es sich um Quotientengleichheit handelt:

$\frac{y}{x} = 1{,}5$ Es liegt also eine proportionale Zuordnung vor: $\frac{y}{x}$ ist konstant

$\frac{-9}{-6} = 1{,}5$

$\frac{18}{12} = 1{,}5$

x	-2	0,4	-6	$5\frac{1}{3}$	10	12	18
y	-3	0,6	-9	8	15	18	27

Aufgabe 2

Lösung mit dem Dreisatz:

$25 \text{ mph} \triangleq 40 \frac{km}{h}$

$1 \text{ mph} \triangleq \frac{40}{25} \frac{km}{h}$

$72 \text{ mph} \triangleq \frac{40 \cdot 72}{25} \frac{km}{h}$

$= 115{,}2 \frac{km}{h}$

Das Auto würde mit einer Geschwindigkeit von $115{,}2 \frac{km}{h}$ fahren.

Aufgabe 3

a) **Dreisatz** oder **Produktgleichheit**

Dreisatz:

$22 \text{ l/Tag} \triangleq 210 \text{ Tage}$

$1 \text{ l/Tag} \triangleq 210 \cdot 22 \text{ Tage}$

$27 \text{ l/Tag} \triangleq \frac{210 \cdot 22}{27} \text{ Tage}$

$= 171{,}1 \text{ Tage}$

Produktgleichheit:

$22 \text{ l} \cdot 210 \text{ Tage} = 27 \text{ l} \cdot x \qquad | : 27 \text{ l}$

$\frac{22 \text{ l} \cdot 210 \text{ Tage}}{27 \text{ l}} = x$

$x = 171{,}1 \text{ Tage}$

Der Ölvorrat würde für 171 Tage reichen.

b) **Dreisatz** oder **Produktgleichheit**

Dreisatz:

$210 \text{ Tage} \triangleq 22 \text{ l/Tag}$

$1 \text{ Tag} \triangleq 210 \cdot 22 \text{ l/Tag}$

$280 \text{ Tage} \triangleq \frac{210 \cdot 22}{280} \text{ l/Tag}$

$= 16{,}5 \text{ l/Tag}$

Produktgleichheit:

$210 \cdot 22 \text{ l/Tag} = 280 \cdot x \qquad | : 280$

$\frac{210 \cdot 22}{280} \text{ l/Tag} = x$

$x = 16{,}5 \text{ l/Tag}$

Man würde täglich 16,5 Liter brauchen.

Aufgabe 4

1. Schritt:
Berechnung der Fahrzeit:

80 km in 1 h

1 km in $\frac{1}{80}$ h

280 km in $\frac{1 \cdot 280}{80}$ h = 3,5 h

Der Pkw-Fahrer braucht 3,5 Stunden und will nun die gleiche Strecke in 3 Stunden fahren.

2. Schritt:
Berechnung der neuen Durchschnittsgeschwindigkeit:

$s = v \cdot t$ „Weg ist Geschwindigkeit mal Zeit"

Der Weg bleibt gleich: $s_1 = s_2 = 280$ km

$t_1 = 3{,}5$ h $t_2 = 3$ h $v_1 = 80 \frac{km}{h}$

Produktgleichheit:

$$v_1 \cdot t_1 = v_2 \cdot t_2$$

$$80 \frac{km}{h} \cdot 3{,}5\ h = v_2 \cdot 3\ h \quad |:3\ h$$

$$v_2 = \frac{80 \cdot 3{,}5}{3} \frac{km}{h}$$

$$v_2 = 93{,}33 \frac{km}{h}$$

Das Auto muss mit $93{,}33 \frac{km}{h}$ fahren.

Aufgabe 5

a)

		1000 kwh	1500 kwh	3000 kwh
A **17,6 ct pro kWh**	Grundpreis	6,50 €	6,50 €	6,50 €
	Verbrauch	176,00 €	264,00 €	528,00 €
	Endpreis	182,50 €	270,50 €	534,50 €
B **17,5 ct pro kWh**	Grundpreis	8,00 €	8,00 €	8,00 €
	Verbrauch	175,00 €	262,50 €	525,00 €
	Endpreis	183,00 €	270,50 €	533,00 €

b) Verbrauch 1000 kWh: Kosten A < Kosten B
Verbrauch 1500 kWh: Kosten A = Kosten B
Verbrauch 3000 kWh: Kosten A > Kosten B

Ich würde mich bei einem Verbrauch von 3000 kWh für Angebot B entscheiden, weil die Kosten niedriger sind.

c) Die Zeichnung ③ trifft am ehesten zu, weil B anfangs teurer ist als A (siehe auch Tabelle) und ab einem gewissen Betrag (siehe Tabelle: 1500 kWh) billiger wird. Die Gerade von B verläuft dann unterhalb der Geraden von A.

① ist falsch, weil dort der Grundpreis von B niedriger wäre als der von A.

② ist falsch, weil die Preisentwicklung nicht linear, sondern mit einer gekrümmten Linie dargestellt wird.

Aufgabe 6

I. Möglichkeit

200 l in der Minute ⇒ 60 · 200 l = 12 000 l in der Stunde

Zufluss 1: 12 000 l/h
Zufluss 2: 3 000 l/h
Gesamt: 15 000 l/h

Lösung mit dem Dreisatz:

12 000 l/h ≙ 3 Tage
1 l/h ≙ 12 000 · 3 Tage

15 000 l/h ≙ $\frac{12\,000 \cdot 3}{15\,000}$ Tage = 2,4 Tage

II. Möglichkeit

Zufluss 2: 3000 l/h ⇒ $\frac{3000}{60}$ l/min = 50 l/min

Zufluss 1: 200 l/min
Zufluss 2: 50 l/min
Gesamt: 250 l/min

Lösung mit dem Dreisatz:

200 l/min ≙ 3 Tage
1 l/min ≙ 200 · 3 Tage

250 l/min ≙ $\frac{200 \cdot 3}{250}$ Tage = 2,4 Tage

III. Möglichkeit (Produktgleichheit)

Zufluss 1 · Zeit 1 = Zufluss (1 + 2) · Zeit 2
12 000 l · 3 Tage = 15 000 l · x | : 15 000 l

$$x = \frac{12\,000\text{ l} \cdot 3\text{ Tage}}{15\,000\text{ l}}$$

x = 2,4 Tage

Der Füllvorgang würde 2,4 Tage dauern.

5. Prozentrechnung

Aufgabe 1

a) $PW = \frac{GW \cdot p}{100}$ $\Rightarrow$ $PW = \frac{240\ € \cdot 2{,}5}{100}$

$PW = 6\ €$

b) $p = \frac{PW \cdot 100}{GW}$ $\Rightarrow$ $p = \frac{120\ l \cdot 100}{800\ l}$

$p = 15$

c) $GW = \frac{PW \cdot 100}{p}$ $\Rightarrow$ $GW = \frac{45\ m^2 \cdot 100}{3}$

$GW = 1500\ m^2$

Aufgabe 2

1. Schritt:
Berechnung des Preises bei Einzelkauf:
Stifte: 15 · 0,35 € = 5,25 €
Hefte: 12 · 0,60 € = 7,20 €
12,45 €

2. Schritt:
Berechnung des Preises bei Kauf „im Pack":

Stifte (12 % Nachlass):
100 % ≙ 5,25 €

$88\ \% \triangleq \frac{5{,}25 \cdot 88}{100}\ €$

= 4,62 €

Hefte (8 % Nachlass):
100 % ≙ 7,20 €

$92\ \% \triangleq \frac{7{,}20 \cdot 92}{100}\ €$

= 6,62 €

4,62 € + 6,62 € = 11,24 €

3. Schritt:
Berechnung der Ersparnis:

12,45 € – 11,24 € = 1,21 €

Stefano kann bei Kauf „im Pack" 1,21 € sparen.

Aufgabe 3

1. Schritt:
Berechnung des Nettopreises:

I. Möglichkeit

Dreisatz:

$119\ \% \triangleq 21\,500\ €$

$1\ \% \triangleq \frac{21\,500}{119}\ €$

$100\ \% \triangleq \frac{21\,500 \cdot 100}{119}\ €$

$= 18\,067{,}23\ €$

II. Möglichkeit

Formel:

$GW = \frac{PW \cdot 100}{119}$

$GW = \frac{21\,500\ € \cdot 100}{119}$

$GW = 18\,067{,}23\ €$

2. Schritt:
Berechnung des Verlustes:

I. Möglichkeit

Da der Verlust 12 % beträgt, entspricht der Betrag von 18 067,23 € nur 88 % des ursprünglichen Preises.

$88\ \% \triangleq 18\,067{,}23\ €$

$1\ \% \triangleq \frac{18\,067{,}23}{88}\ €$

$100\ \% \triangleq \frac{18\,067{,}23 \cdot 100}{88}\ €$

$= 20\,530{,}94\ €$

Nettoverlust: 20 530,94 € – 18 067,23 € = 2463,71 €

II. Möglichkeit

Man kann den Verlustbetrag auch direkt berechnen:

$88\ \% \triangleq 18\,067{,}23\ €$

$12\ \% \triangleq \frac{18\,067{,}23\ € \cdot 12}{88}$

$= 2463{,}71\ €$

Der Autohändler hat einen Nettoverlust von 2463,71 €.

Aufgabe 4

1. Schritt:
Berechnung des um 10 % erhöhten Preises:

I. Möglichkeit

Lösung mit dem Dreisatz:
100 % ≙ 180 €
1 % ≙ 1,80 €
110 % ≙ 110 · 1,80 € = 198 €

II. Möglichkeit

Formel:

$$PW = \frac{GW \cdot p}{100}$$

GW = 180 €
p = 110

$$PW = \frac{180\,€ \cdot 110}{100}$$

PW = 198 €

Der erhöhte Preis beträgt 198 €.

2. Schritt:
Berechnung des herabgesetzten neuen Preises. Jetzt ist 198 € der neue Grundwert.

Lösung mit dem Dreisatz:
100 % ≙ 198 €
1 % ≙ 1,98 €
90 % ≙ 90 · 1,98 € = 178,20 €

180,00 €
– 178,20 €
1,80 €

Die im Preis herabgesetzte Hose kostet jetzt 178,20 € und ist 1,80 € billiger als vorher.

Aufgabe 5

1. Schritt:
Berechnung des Gesamtpreises bei Händler A:

$$30\,\%\text{ von }7250\,€ = \frac{30}{100} \cdot 7250\,€ = 2175\,€$$

18 Monatsraten zu je 300 € = 18 · 300 € = 5400 €

Gesamtkosten Händler A:

2175 €
+ 5400 €
7575 €

2. Schritt:
Berechnung des Gesamtpreises bei Händler B:

$$40\,\%\text{ von }7250\,€ = \frac{40}{100} \cdot 7250\,€ = 2900\,€$$

24 Monatsraten zu je 190 € = 24 · 190 € = 4560 €

Gesamtkosten Händler B:

2900 €
+ 4560 €
7460 €

3. Schritt:
Berechnung der Preisdifferenz:

7575 € – 7460 € = 115 €

Dominik wird sich für den Händler B entscheiden, weil das Angebot 115 € preiswerter ist.

Aufgabe 6

Man muss schrittweise rückwärts rechnen, wobei stets der neue Grundwert berechnet wird.

$119\ \% \triangleq 420\ €$ (Endpreis)

$100\ \% \triangleq \frac{420\ € \cdot 100}{119} = 352{,}94\ €$ (Nettoverkaufspreis)

$122\ \% \triangleq 352{,}94\ €$

$100\ \% \triangleq \frac{352{,}94\ € \cdot 100}{122} = 289{,}30\ €$ (Selbstkostenpreis)

$112\ \% \triangleq 289{,}30\ €$

$100\ \% \triangleq \frac{289{,}30\ € \cdot 100}{112} = 258{,}30\ €$ (Einkaufspreis)

Der Einkaufspreis beträgt 258,30 €.

Probe:
258,30 € + 12 % = 289,30 €
289,30 € + 22 % = 352,95 €
352,95 € + 19 % = 420,01 €

6. Tabellen, Graphen, Diagramme, Schaubilder: Anfertigung und Interpretation

Aufgabe 1

a) 12 – 7 = 5

Fünf Dreiecke haben keine besondere Form.

b) 27 – (6 + 2 + 4 + 3 + 5) = 27 – 20 = 7

Sieben Parallelogramme sind im Schaukasten.

c) 12 + 27 = 39

Insgesamt sind 39 Dreiecke und Vierecke im Schaukasten.

d) Alle 39 Dreiecke und Vierecke haben einen Punkt A.
Nur 27 Vierecke haben einen Punkt D.
$\Rightarrow$ A kommt 39-mal vor.
D kommt 27-mal vor.

e) Im Schaukasten sind 27 Vierecke.

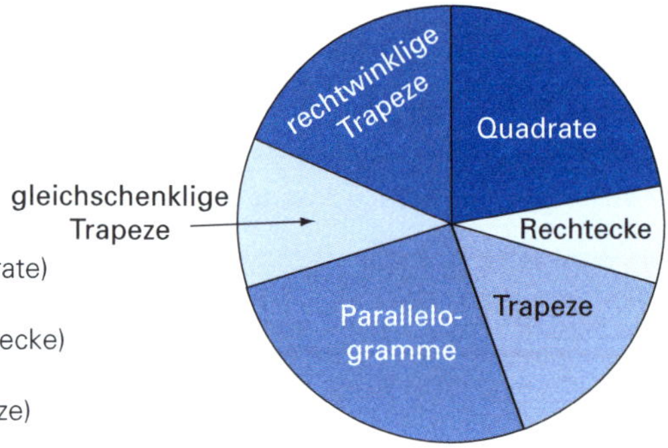

27 Vierecke $\triangleq$ 360°

1 Viereck $\triangleq \frac{360°}{27}$

6 Vierecke $\triangleq \frac{360° \cdot 6}{27} = 80°$ (Quadrate)

2 Vierecke $\triangleq \frac{360° \cdot 2}{27} = 26{,}7°$ (Rechtecke)

4 Vierecke $\triangleq \frac{360° \cdot 4}{27} = 53{,}3°$ (Trapeze)

7 Vierecke $\triangleq \frac{360° \cdot 7}{27} = 93{,}3°$ (Parallelogramme)

3 Vierecke $\triangleq \frac{360° \cdot 3}{27} = 40°$ (gleichschenklige Trapeze)

5 Vierecke $\triangleq \frac{360° \cdot 5}{27} = 66{,}7°$ (rechtwinklige Trapeze)

Aufgabe 2

Summe aller Prozentwerte:
20 % + 25 % + 35 % + 20 % + 5 % = 105 %
Katja hat 5 % zu viel gezeichnet. Es kann bei dieser Fragestellung aber nicht entschieden werden, bei welcher Altersgruppe der Fehler liegt.

Aufgabe 3

a) Die wenigsten Bundesbürger/-innen erwerbstätig: 2003 mit 39,24 Mio.
Die meisten Bundesbürger/-innen erwerbstätig: 2019 mit 45,24 Mio.

b) Der Anstieg der Erwerbstätigkeit war mit einer Steigerung von über einer Million von 2015 (43,12 Mio.) auf 2017 (44,25 Mio.) am stärksten.

c) Im Jahr 2019 waren 45,24 Mio. Menschen in Deutschland erwerbstätig. 4,5 % davon waren verbeamtet.

I. Möglichkeit

Dreisatz:

$100\ \% \triangleq 45{,}24$ Mio.

$1\ \% \triangleq \frac{45{,}24\ \text{Mio.}}{100}$

$4{,}5\ \% \triangleq \frac{45{,}24\ \text{Mio.} \cdot 4{,}5}{100}$

$\approx 2{,}04$ Mio.

II. Möglichkeit

Formel:

GW = 45,24 Mio., p = 4,5 %

$$PW = \frac{GW \cdot p}{100}$$

$$PW = \frac{45{,}24\ \text{Mio.} \cdot 4{,}5}{100}$$

$$PW = 2{,}04$$

Im Jahr 2019 waren etwa 2,04 Mio. Bundesbürger/-innen als Beamt/-innen tätig.

d) Die Addition der Prozentwerte müsste eigentlich 100 % ergeben.
75,5 % + 10,5 % + 9,4 % + 4,5 % = 99,9 %
Da es sich um gerundete Werte handelt, um den Graph übersichtlich zu halten, kann es sein, dass die Summe nicht genau 100 % ergibt.

Aufgabe 4

Es muss zugeordnet werden:

A → ②

Zuerst wird der Zylinder leer, die Höhe nimmt linear ab, dann wird der Kegel leer, wobei die Wasserhöhe immer schneller abnimmt.

B → ④

Zuerst wird der Kegel leer, die Wasserhöhe nimmt immer langsamer ab. Dann wird der Zylinder leer, die Wasserhöhe nimmt linear ab.

C → ⑤

In beiden Zylindern nimmt die Wasserhöhe linear ab. Der obere Zylinder ist der größere, also nimmt dort die Wasserhöhe langsamer ab als im unteren Zylinder.

D → ③

Im oberen Kegel nimmt die Wasserhöhe immer langsamer ab, im unteren Kegel immer schneller.

Die Grafik ① passt zu keinem der vier Gefäße.

Aufgabe 5

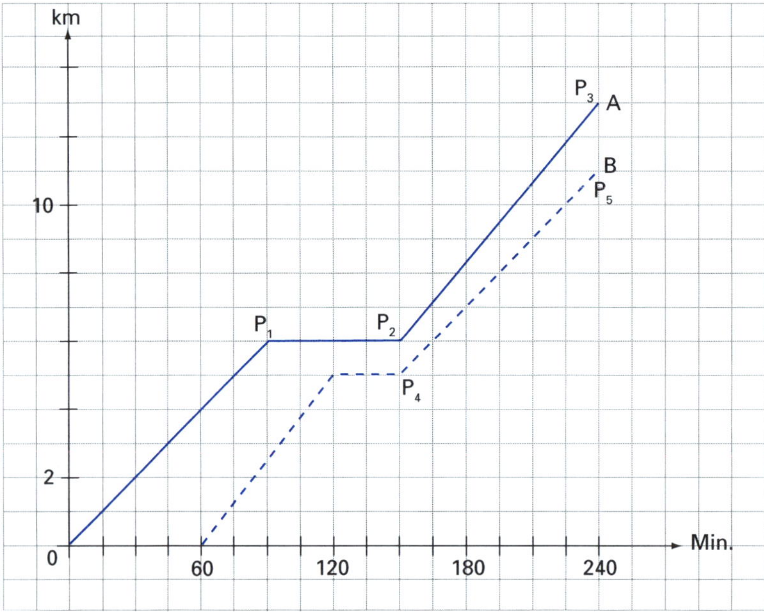

a) A ist 13 km gelaufen, B ist 11 km gelaufen.

b) Pause von A: 1 Stunde
Pause von B: $\frac{1}{2}$ Stunde

c) A ist 4 Stunden unterwegs, B ist 3 Stunden unterwegs.

d) Laufzeit von A: 3 Stunden
Laufzeit von B: $2\frac{1}{2}$ Stunden

e) Geschwindigkeit v_A von A:
3 h ≙ 13 km
1 h ≙ $\frac{13}{3}$ km
$\Rightarrow v_A = 4{,}33\ \frac{km}{h}$

Geschwindigkeit v_B von B:
2,5 h ≙ 11 km
1 h ≙ $\frac{11}{2{,}5}$ km
$v_B = 4{,}4\ \frac{km}{h}$

f) A läuft in der zweiten Phase (von P_2 bis P_3) schneller, weil die Strecke $[P_2P_3]$ steiler verläuft als die Strecke $[0P_1]$.

g) Die Strecken $[0P_1]$ und $[P_4P_5]$ sind zueinander parallel. ⇒ Wanderer A hat vor der Pause die gleiche Geschwindigkeit wie Wanderer B nach der Pause.

h) Die Wanderer treffen sich nicht, weil sich die Graphen nicht schneiden.

Aufgabe 6

a) Eine Prozentangabe bezieht sich stets auf das Ganze (auf einen Grundwert).
Da die Einwohnerzahlen nicht gleich sind, ergeben die 6,7 % auch verschiedene Werte.

b) **Saarland**

$100\ \% \triangleq 996\,651$ E.

$6{,}7\ \% \triangleq \dfrac{996\,651 \cdot 6{,}7}{100}$ E.

$= 66\,776$ Einwohner

Sachsen

$100\ \% \triangleq 4\,081\,783$ E.

$6{,}7\ \% \triangleq \dfrac{4\,081\,783 \cdot 6{,}7}{100}$ E.

$= 273\,479$ Einwohner

Im Dezember 2016 waren im Saarland 66 776 Einwohner arbeitslos,
in Sachsen waren es 273 479 Einwohner.

7. Winkel

Aufgabe 1

$\beta = 35°$ (Scheitelwinkel zu 35°)
$\gamma = 180° - 35°$ (Nebenwinkel)
$\gamma = 145°$
$\alpha = 145°$ (Scheitelwinkel zu γ)

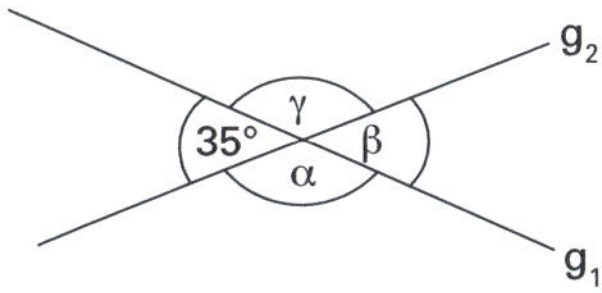

Zeichnung nicht maßstabsgerecht

Aufgabe 2

$\alpha = 29°$ (Scheitelwinkel zu 29°)
$\delta = 41°$ (Scheitelwinkel zu 41°)
$\gamma + \delta + 29° = 180°$ (gestreckter Winkel)
$\gamma + 41° + 29° = 180° \quad | -70°$
$\gamma = 110°$

$\alpha + 19° + \beta + 41° = 180°$ (gestreckter Winkel)
$29° + 19° + 41° + \beta = 180°$
$89° + \beta = 180° \quad | -89°$
$\beta = 91°$

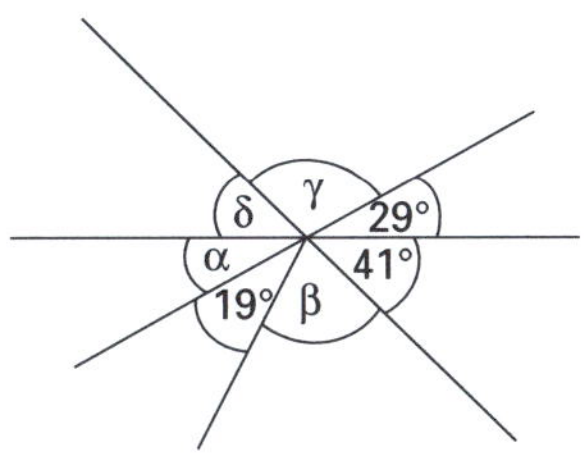

Zeichnung nicht maßstabsgerecht

Aufgabe 3

$\alpha = 39°$ (Scheitelwinkel zu 39°)
$\alpha + \delta + \alpha + 42° = 180°$ (gestreckter Winkel)
$39° + \delta + 39° + 42° = 180°$
$120° + \delta = 180° \quad | -120°$
$\delta = 60°$
$\beta = \alpha + 42°$ (Scheitelwinkel)
$\beta = 39° + 42°$
$\beta = 81°$
$\gamma = 60°$ (Scheitelwinkel zu δ)

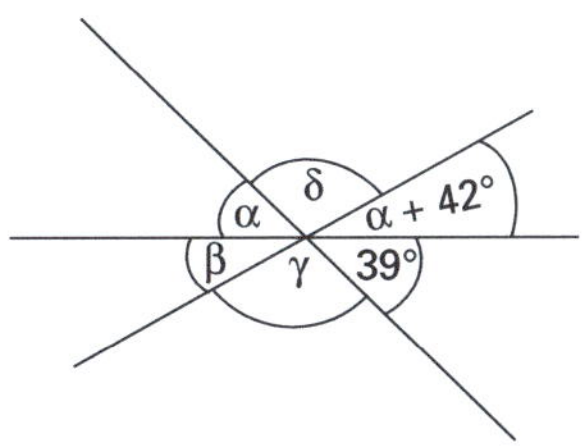

Zeichnung nicht maßstabsgerecht

Aufgabe 4

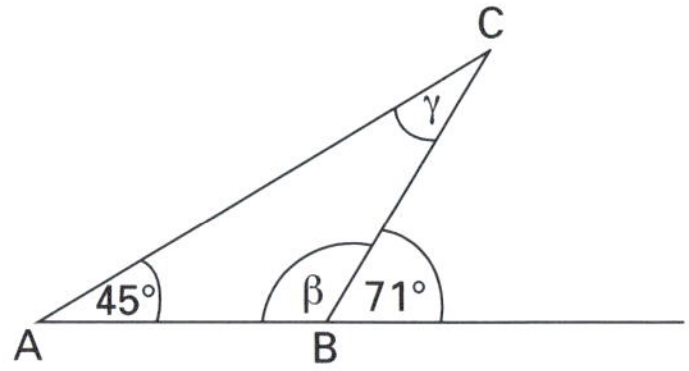

Zeichnung nicht maßstabsgerecht

$\beta = 180° - 71°$ (Nebenwinkel)
$\beta = 109°$
$\gamma + \beta + 45° = 180°$ (Winkelsumme im Dreieck)
$\gamma + 109° + 45° = 180° \quad | -154°$
$\gamma = 26°$

Aufgabe 5

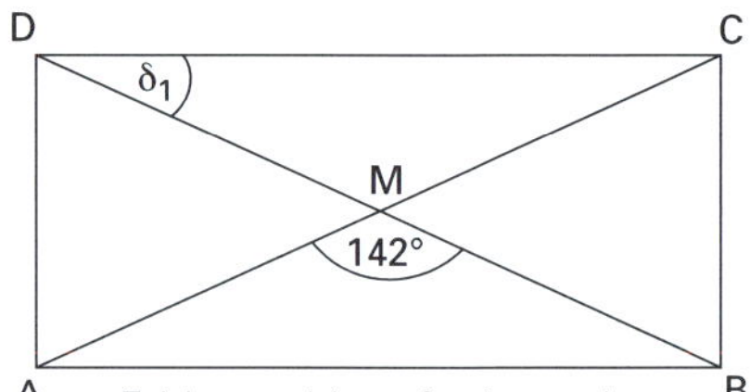

Zeichnung nicht maßstabsgerecht

Das Dreieck DMC ist gleichschenklig.
⇒ Die beiden Basiswinkel δ_1 haben das gleiche Maß.
⇒ $\delta_1 + \delta_1 + 142° = 180°$ (Winkelsumme im Dreieck)
$2 \cdot \delta_1 + 142° = 180° \quad | -142°$
$2 \cdot \delta_1 = 38° \quad | :2$
$\delta_1 = 19°$

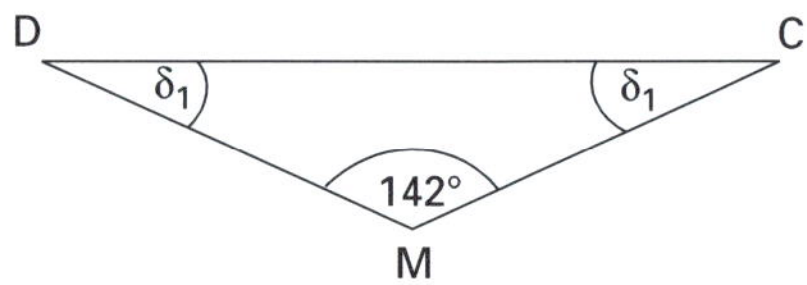

Zeichnung nicht maßstabsgerecht

Aufgabe 6

$\beta = 3 \cdot \gamma_2$
Im Dreieck AHC gilt:
$49° + 90° + \gamma_1 = 180°$
$139° + \gamma_1 = 180° \quad | -139°$
$\gamma_1 = 41°$
Im Dreieck HBC gilt:
$90° + \beta + \gamma_2 = 180°$
↓
$90° + 3 \cdot \gamma_2 + \gamma_2 = 180°$
$90° + 4 \cdot \gamma_2 = 180° \quad | -90°$
$4 \cdot \gamma_2 = 90° \quad | :4$
$\gamma_2 = 22{,}5° \quad \Rightarrow \quad \beta = 3 \cdot 22{,}5°$
$\beta = 67{,}5°$

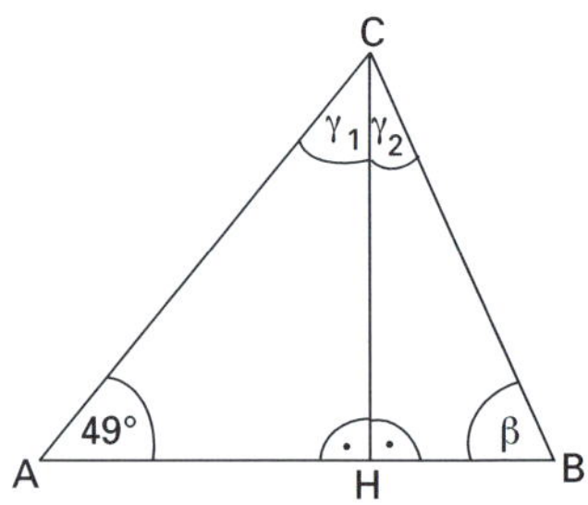

Zeichnung nicht maßstabsgerecht

8. Flächen (Berechnung und Konstruktion)

Aufgabe 1

Formel:

$$A = \frac{1}{2} c \cdot h_c$$

$$A = \frac{1}{2} c \cdot h_c \qquad | \cdot 2$$
$$2 \cdot A = c \cdot h_c \qquad | : c$$
$$\frac{2 \cdot A}{c} = h_c$$
$$h_c = \frac{2 \cdot 16\ cm^2}{8\ cm}$$
$$h_c = 4\ cm$$

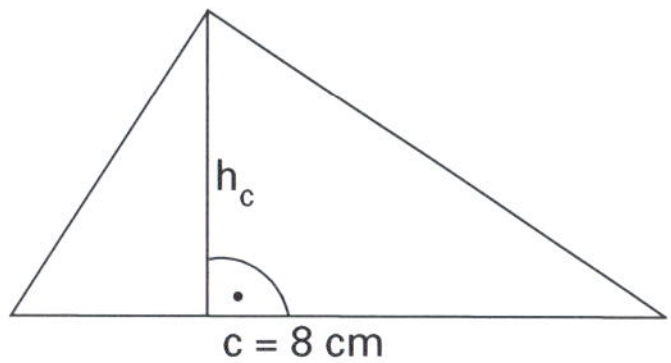

Zeichnung nicht maßstabsgerecht

Aufgabe 2

Nach dem **Satz des Pythagoras** gilt:

$$a^2 + a^2 = (9{,}9\ cm)^2$$
$$2a^2 = 98{,}01\ cm^2 \qquad | : 2$$
$$a^2 = 49\ cm^2 \qquad | \sqrt{\ }$$
$$a = 7\ cm$$

Die Länge der Quadratseite beträgt 7 cm.

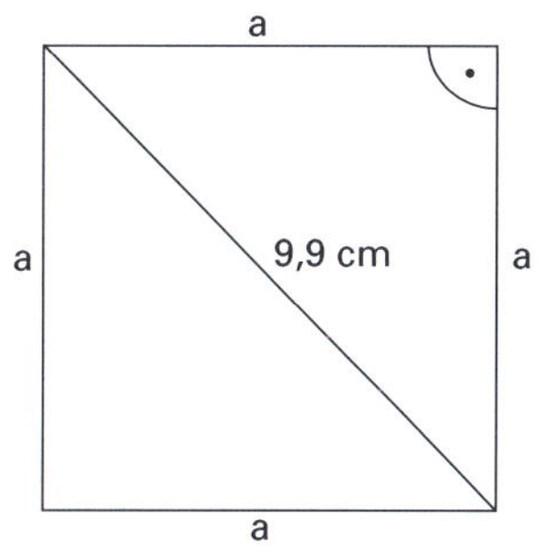

Zeichnung nicht maßstabsgerecht

Aufgabe 3

Konstruktionsbeschreibung

1) Zeichnen von c = 4 cm ⇒ {A; B}
2) An A $\alpha = 45°$ antragen ⇒ [AC
3) Zeichnen eines Kreises k um B mit Radius a = 3 cm
4) [AC ∩ k = {C}

Bitte beachten: Es gibt zwei verschiedene Lösungen für C!

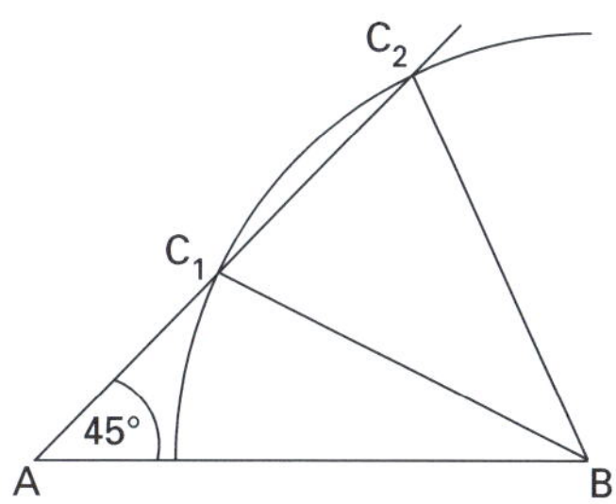

Zeichnung nicht maßstabsgerecht

Aufgabe 4

Im Quadrat stehen die beiden Diagonalen senkrecht aufeinander.
Deshalb gilt nach dem **Satz des Pythagoras:**

$x^2 = r^2 + r^2$

$x^2 = (18\ \text{cm})^2 + (18\ \text{cm})^2$

$x^2 = 648\ \text{cm}^2 \qquad |\sqrt{\ }$

$x = 25{,}46\ \text{cm}$

Die Seitenlänge des Quadrates beträgt 25,46 cm.

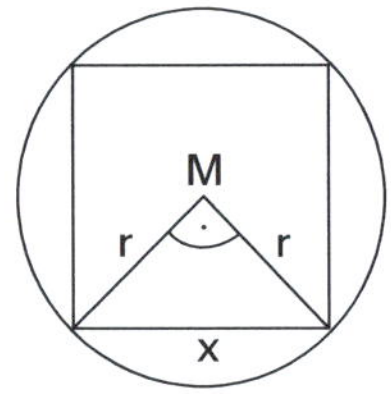

Zeichnung nicht maßstabsgerecht

Aufgabe 5

a) C hat den x-Wert 5 und muss, weil er auf der Winkelhalbierenden liegt, auch den y-Wert 5 haben. ⇒ C (5 I 5) (siehe Zeichnung unter c))

b) Flächeninhalt eines Dreiecks:

$$A = \frac{g \cdot h}{2}$$

Für die Höhe des Dreiecks benötigen wir den Hilfspunkt H:

$A = \frac{1}{2}\,\overline{BC} \cdot \overline{AH}$

$\overline{BC} = 4\ \text{cm} + 5\ \text{cm}$ $\qquad$ $\overline{AH} = 3\ \text{cm} + 5\ \text{cm}$

$\overline{BC} = 9\ \text{cm}$ $\qquad$ $\overline{AH} = 8\ \text{cm}$

$A = \frac{1}{2} \cdot 9\ \text{cm} \cdot 8\ \text{cm}$

$A = 36\ \text{cm}^2$

c) C (5 I 5)

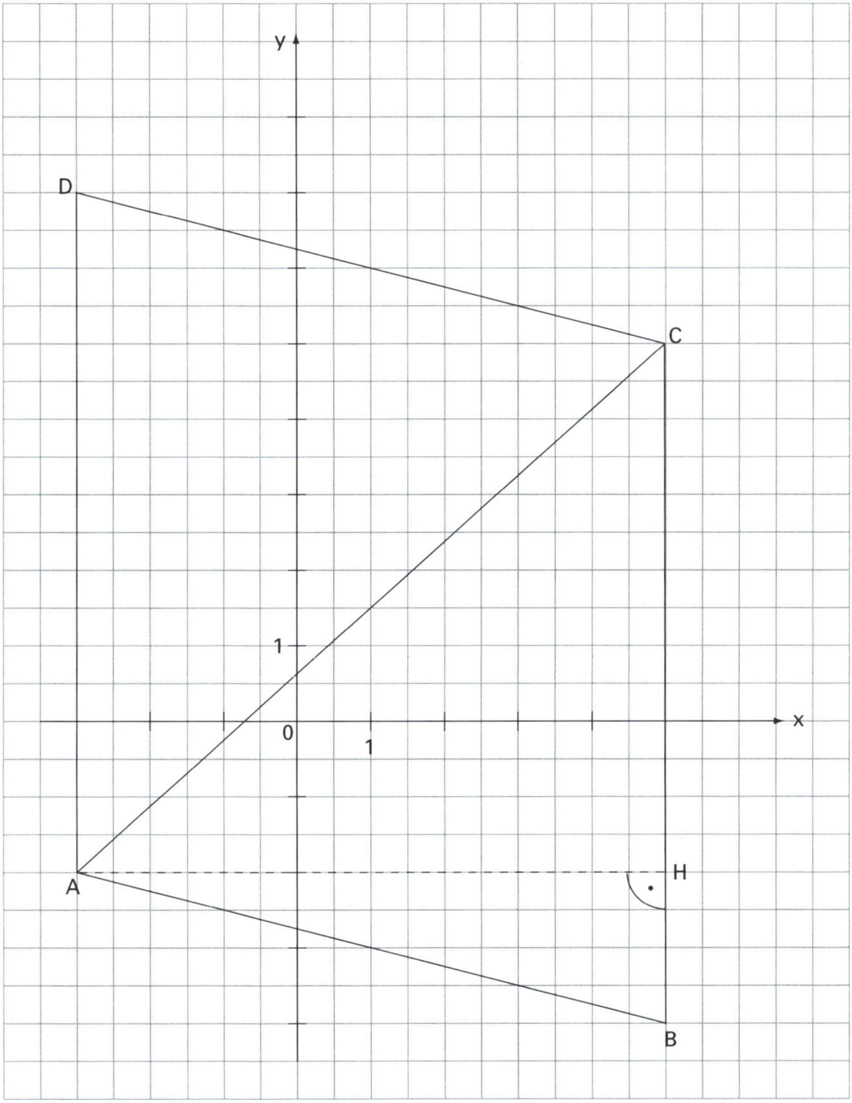

d) D (-3 I 7)

e) Das Parallelogramm ABCD hat die gleiche Grundlinie und die gleiche Höhe wie das Dreieck ABC.

Flächeninhalt eines Parallelogramms:

$A = g \cdot h$

$A = \overline{BC} \cdot \overline{AH}$
$A = 9\ cm \cdot 8\ cm$
$A = 72\ cm^2$

Aufgabe 6

Berechnung der Grundstücksfläche:

$A_R = a \cdot b \Rightarrow A = 200\ m \cdot 120\ m$
$A = 24\,000\ m^2$

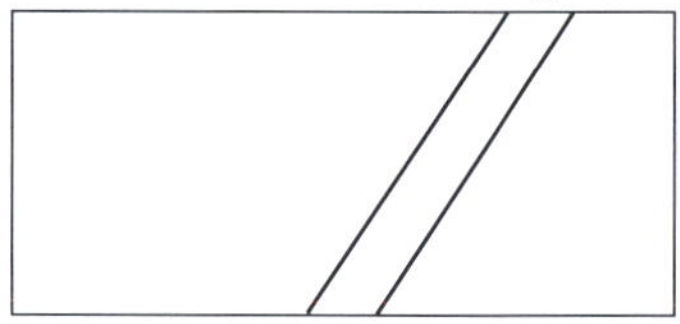

Zeichnung nicht maßstabsgerecht

Berechnung der Wegfläche:

$PW = \frac{GW \cdot p}{100}$ $\quad GW = 24\,000\ m^2$, $p = 2 \Rightarrow PW = \frac{24\,000\ m^2 \cdot 2}{100}$
$PW = 480\ m^2$

Der Flächeninhalt des Weges beträgt 480 m².

Der Weg hat die Form eines Parallelogramms mit der Grundlinie x und der Höhe h = 120 m.

$A_P = g \cdot h \Rightarrow 480\ m^2 = x \cdot 120\ m \quad | : 120\ m$
$x = 4\ m$

Der Weg hat eine „Breite" von 4 m.

9. Berechnungen an Körpern

Aufgabe 1

$O = 6 \cdot a^2$ und $O = 37{,}5\ cm^2$

$6 \cdot a^2 = 37{,}5\ cm^2 \quad | : 6$
$a^2 = 6{,}25\ cm^2 \quad | \sqrt{\ }$
$a = 2{,}5\ cm$

Die Kantenlänge des Würfels beträgt 2,5 cm.

Aufgabe 2

1. Schritt:
Berechnung von r:

$M = 2r\pi \cdot h$

$$M = 2r\pi \cdot h \qquad | : (2\pi \cdot h)$$

$$\frac{M}{2\pi h} = r$$

$$r = \frac{94{,}25\ cm^2}{2 \cdot \pi \cdot 5\ cm} \quad \Rightarrow \quad r = 3\ cm$$

2. Schritt:
Berechnung von V:

$V = r^2 \pi \cdot h$

$$\Rightarrow \quad V = (3\ cm)^2 \cdot \pi \cdot 5$$

$$V = 141{,}37\ cm^3$$

Aufgabe 3

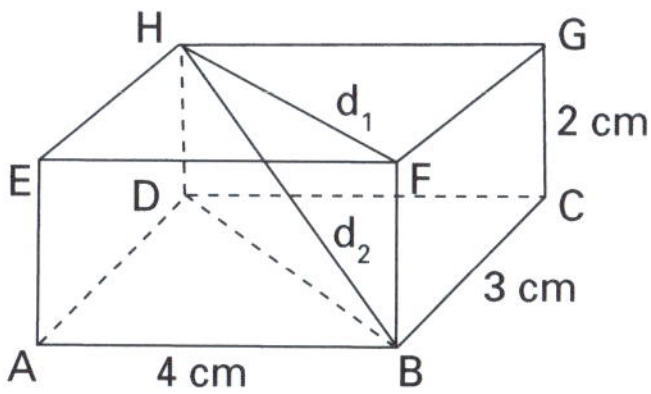

Zeichnung nicht maßstabsgerecht

Die Diagonallängen werden mit dem Satz des Pythagoras berechnet:

$$d_1^2 = (4\ cm)^2 + (3\ cm)^2$$

$$d_1^2 = 25\ cm^2 \qquad | \sqrt{\ }$$

$$d_1 = 5\ cm$$

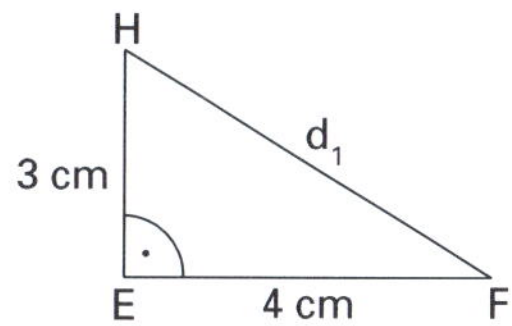

Zeichnungen nicht maßstabsgerecht

$$d_2^2 = (5\ cm)^2 + (2\ cm)^2$$

$$d_2^2 = 29\ cm^2$$

$$d_2 = 5{,}39\ cm$$

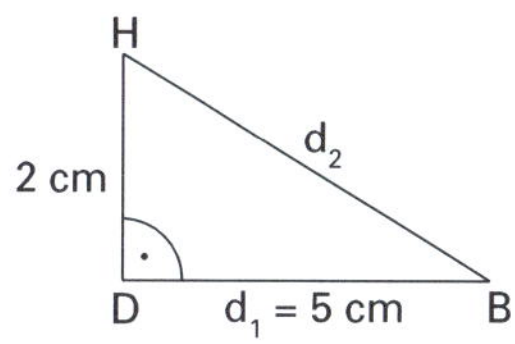

Aufgabe 4

$V = r^2 \pi \cdot h$ $\Rightarrow$ $V = (1{,}40\ m)^2 \cdot \pi \cdot 3{,}50\ m$ $\qquad r = \frac{d}{2}$

$V = 21{,}55\ m^3$

$1\ m^3 = 1000\ dm^3$ $\Rightarrow$ $V = 21\,550\ dm^3$

$1\ dm^3 = 1\ l$ $\Rightarrow$ $21\,550\ dm^3 = 21\,550\ l$

In den Tank passen 21 550 Liter.

Aufgabe 5

Die größte Fläche hat die Maße 12 cm und 8 cm.

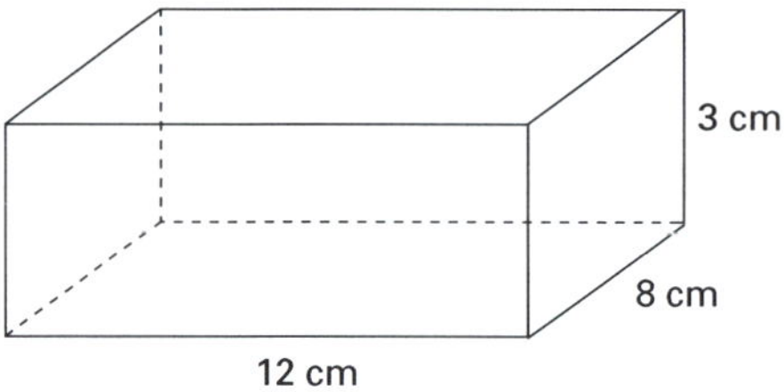

Zeichnungen nicht maßstabsgerecht

Die drei Stäbe müssen so aneinandergelegt werden.

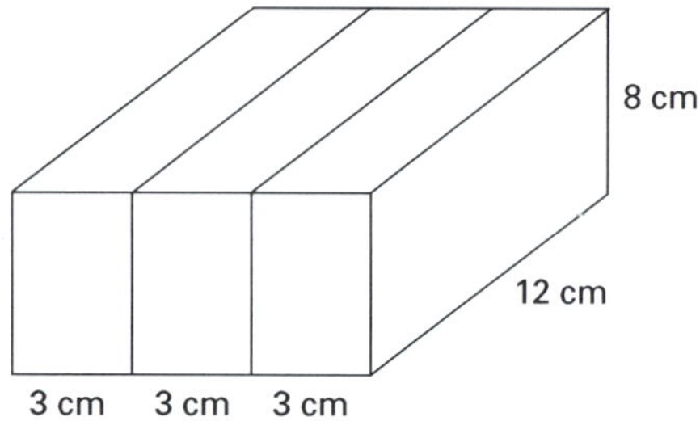

Der neu entstandene Quader hat die Seitenlängen 12 cm, 8 cm und 9 cm.

$O = 2 \cdot (ab + ac + bc)$

$O = 2 \cdot (12\ cm \cdot 8\ cm + 12\ cm \cdot 9\ cm + 8\ cm \cdot 9\ cm)$
$O = 2 \cdot 276\ cm^2$
$O = 552\ cm^2$

Aufgabe 6

1. Schritt:
Berechnung der zweiten Kathetenlänge mit dem Satz des Pythagoras:

$x^2 + (60\ cm)^2 = (100\ cm)^2$
$x^2 + 3600\ cm^2 = 10\,000\ cm^2 \quad | - 3600\ cm^2$
$x^2 = 6400\ cm^2 \quad | \sqrt{\ }$
$x = 80\ cm$

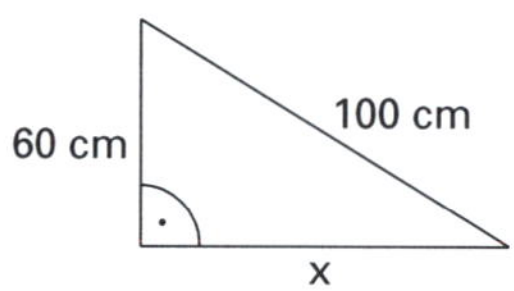

Zeichnung nicht maßstabsgerecht

2. Schritt:
Berechnung der Höhe h_1, die aus dem Boden ragt:
100 % – 22 % = 78 %

78 % der Säule ragen aus dem Boden.

⇒ 78 % der Gesamthöhe h = 4 m ragen aus dem Boden.
100 % ≙ 400 cm
1 % ≙ 4 cm
78 % ≙ 78 · 4 cm = 312 cm

3,12 m der Säule ragen aus dem Boden.

3. Schritt:
Berechnung der sichtbaren Oberfläche:

Die Oberfläche O ist die Summe der Mantelfläche M und der Deckfläche A.

$A = \frac{1}{2} \cdot 0{,}60\ \text{m} \cdot 0{,}80\ \text{m}$

$A = 0{,}24\ \text{m}^2$

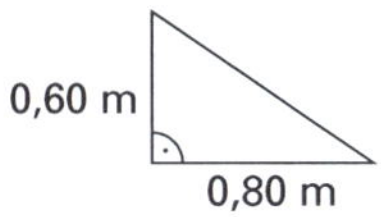

$A = \frac{g \cdot h}{2}$

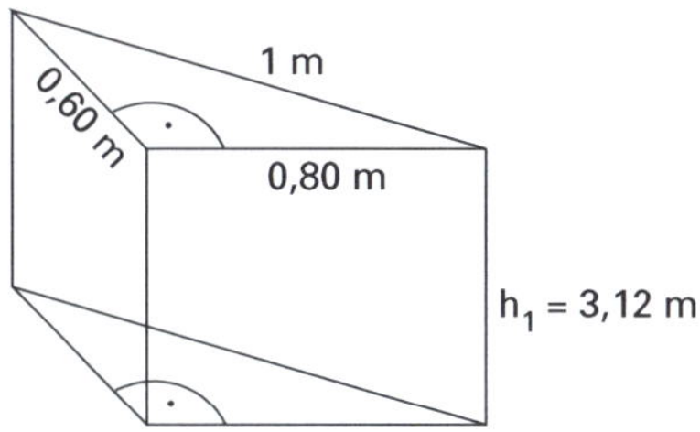

Zeichnungen nicht maßstabsgerecht

„Aufgeklappte" Mantelfläche:

$M = (0{,}8 + 0{,}6 + 1)\ \text{m} \cdot h_1$
$M = 2{,}4\ \text{m} \cdot 3{,}12\ \text{m}$
$M = 7{,}49\ \text{m}^2$

$O = 7{,}49\ \text{m}^2 + 0{,}24\ \text{m}^2$
$O = 7{,}73\ \text{m}^2$

Aus dem Boden ragen $7{,}73\ \text{m}^2$ der Säule.

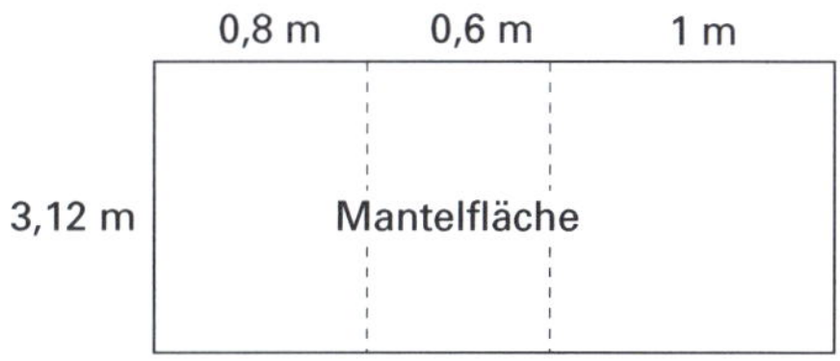

Zeichnung nicht maßstabsgerecht

10. Beschreibende Statistik und Wahrscheinlichkeit

Aufgabe 1

$5 + 3 + 11 + 10 + 2 + 2 = 33$

$$\text{Notendurchschnitt} = \frac{5 \cdot 1 + 3 \cdot 2 + 11 \cdot 3 + 10 \cdot 4 + 2 \cdot 5 + 2 \cdot 6}{33}$$

$$= \frac{5 + 6 + 33 + 40 + 10 + 12}{33} = \frac{106}{33} = 3{,}21$$

Der Notendurchschnitt beträgt 3,21.

Aufgabe 2

Bei allen Zahlenbrettern gilt:

$$P(E) = \frac{\text{Anzahl der günstigen Ergebnisse}}{\text{Anzahl der möglichen Ergebnisse}}$$

Zahlenbrett 1
9 Zahlen
3-mal die „1"

$P(E) = \frac{3}{9}$

$P(E) = \frac{1}{3}$

Zahlenbrett 2
24 Zahlen
8-mal die „1"

$P(E) = \frac{8}{24}$

$P(E) = \frac{1}{3}$

Zahlenbrett 3
6 Zahlen
2-mal die „1"

$P(E) = \frac{2}{6}$

$P(E) = \frac{1}{3}$

⇒ Die Gewinnchancen sind bei allen drei Zahlenbrettern gleich.

Aufgabe 3

Die fehlende Größe wird mit dem arithmetischen Mittel berechnet:

$$\frac{142\text{ cm} + 148\text{ cm} + x}{3} = 147\text{ cm} \quad | \cdot 3$$

$$290\text{ cm} + x = 441\text{ cm} \quad | - 290\text{ cm}$$

$$x = 151\text{ cm}$$

Erkan ist 1,51 m groß.

Aufgabe 4

① → Ⓑ Von 6 möglichen Zahlen gibt es 3 gerade Zahlen.
⇒ $P(E) = \frac{3}{6}$ ⇒ $P(E) = \frac{1}{2}$ („zweifelhaft")

② → Ⓒ Die Summe von 3 Zahlen kann höchstens 9 ergeben.
⇒ $P(E) = 0$ („unmöglich")

③ → Ⓔ Von 5 Kugeln sind 3 Kugeln schwarz.
⇒ $P(E) = \frac{3}{5}$ ⇒ $P(E) = 0{,}6$ („wahrscheinlich")

④ → Ⓓ Von 6 möglichen Zahlen sind 2 richtig, die 1 und die 6.
⇒ $P(E) = \frac{2}{6} = \frac{1}{3}$ ⇒ $P(E) = 33\ \%$ („unwahrscheinlich")

⑤ → Ⓐ Es gibt nur zwei Möglichkeiten, die beide richtig sind.
⇒ $P(E) = 1$ („sicher")

Aufgabe 5

	Absolute Häufigkeit	Relative Häufigkeit		
		Bruch	Dezimalzahl	Prozent
⚀	② –	② $\frac{0}{15}$	② 0,0	0
⚁	⑥ 3	⑦ $\frac{1}{5}$	0,2	⑧ 20
⚂	2	⑨ $\frac{2}{15}$	⑩ 0,13	⑪ 13
⚃	③ 5	$\frac{1}{3}$	④ 0,33	⑤ 33
⚄	4	⑫ $\frac{4}{15}$	⑬ 0,27	⑭ 27
⚅	1	⑮ $\frac{1}{15}$	⑯ 0,07	⑰ 7
	① 15			

$$\text{Relative Häufigkeit} = \frac{\text{Absolute Häufigkeit}}{\text{Gesamtzahl aller Würfe}}$$

Berechnung der Lösungsschritte ① – ⑰:

① Es wurde 15-mal gewürfelt.
② 0 % bedeutet, dass die „1" nicht gewürfelt wurde.
③ $\frac{1}{3}$ erweitert auf den Nenner 15 $\Rightarrow \frac{5}{15} \Rightarrow$ Es wurde 5-mal die „4" gewürfelt.
④ $1 : 3 = 0{,}33 \Rightarrow$ ⑤ 33 %
⑥ I. Möglichkeit: Differenz $15 - 1 - 4 - 5 - 2 = 3$

II. Möglichkeit: $0{,}2 = \frac{1}{5} = \frac{3}{15} \Rightarrow$ ⑦ $\frac{1}{5}$

$\Rightarrow$ Die „2" wurde 3-mal gewürfelt.

⑧ $0{,}20 = \frac{20}{100} = 20$ %

⑨ $\frac{2}{15} \Rightarrow$ ⑩ $2 : 15 = 0{,}13 \Rightarrow$ ⑪ 13 %

⑫ $\frac{4}{15} \Rightarrow$ ⑬ $4 : 15 = 0{,}27 \Rightarrow$ ⑭ 27 %

⑮ $\frac{1}{15} \Rightarrow$ ⑯ $1 : 15 = 0{,}07 \Rightarrow$ ⑰ 7 %

Probe:
Die Summe aller Brüche und Dezimalzahlen muss 1 ergeben, die Summe der Prozentwerte muss 100 ergeben:

$$\frac{0}{15} + \frac{1}{5} + \frac{2}{15} + \frac{1}{3} + \frac{4}{15} + \frac{1}{15} = 0 + \frac{3}{15} + \frac{2}{15} + \frac{5}{15} + \frac{4}{15} + \frac{1}{15} = \frac{15}{15} = 1$$

0,0 + 0,2 + 0,13 + 0,33 + 0,27 + 0,07 = 1
0 + 20 + 13 + 33 + 27 + 7 = 100

Aufgabe 6

Es sind bei **jedem** Ziehen 100 rote und 100 schwarze Kugeln im Gefäß.
Auch beim 26. Mal gilt für die Wahrscheinlichkeit $P(\text{rot}) = \frac{100}{200} = \frac{1}{2} = 50\ \%$.

Pflichtaufgaben – Teil 1

Aufgabe P1

a) 1 h 7 min = 67 min

1 h = 60 min

b) 250 ml = 0,25 l

oder $\frac{1}{4}$ l

1000 ml = 1 l

c) 3 km – 850 m = 2,15 km

1 km = 1000 m

d) 1,59 € + 0,41 € = 2,00 €

NR:
$$\begin{array}{r} 2{,}00\ € \\ -\ 1{,}59\ € \\ {\scriptstyle 1\ 1} \\ \hline 0{,}41\ € \end{array}$$

e) 1,2 t + 400 kg = 1,6 t

1 t = 1000 kg

Aufgabe P2

Temperatur um 6:45 Uhr: -2 °C
Temperatur um 14:25 Uhr: +16 °C

Die Temperatur ist um 18 Grad gestiegen.

Aufgabe P3

Lösung mit dem **Dreisatz:**

	1000 g	≙ 3,00 €	
: 10	100 g	≙ 0,30 €	: 10
· 6	600 g	≙ 1,80 €	· 6

1 kg = 1000 g

Oma Christel muss 1,80 € bezahlen.

Aufgabe P4

a) Die Fläche des Rechtecks besteht aus $10 \cdot 4 = 40$ kleinen Quadraten.
Gefärbt sind 2 kleine Quadrate und 4 halbe kleine Quadrate ⇒ insgesamt 4 kleine Quadrate.

4 ist der 10. Teil von 40.

$$: 10 \quad \begin{array}{c} 40 \mathrel{\hat{=}} 100\ \% \\ 4 \mathrel{\hat{=}} 10\ \% \end{array} \quad : 10$$

Es sind | 10 | % der Fläche grau gefärbt.

b) $\frac{1}{5}$ ist der fünfte Teil vom Ganzen $\left(= \frac{5}{5}\right)$.

$$\cdot 5 \quad \begin{array}{l} \frac{1}{5} \mathrel{\hat{=}} 3 \text{ Kästchen} \\ \frac{5}{5} \mathrel{\hat{=}} 15 \text{ Kästchen} \end{array} \quad \cdot 5$$

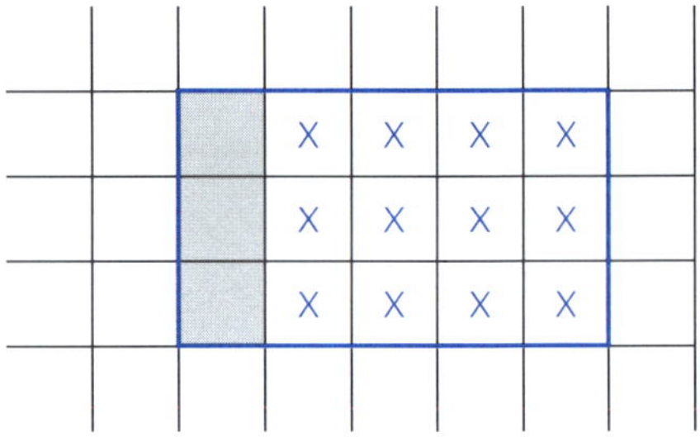

⇒ Es müssen 12 Kästchen ergänzt werden.

Aufgabe P5

1499 € sind etwa 1500 €.
20 % sind der 5. Teil vom Ganzen.
Der 5. Teil von 1500 € ist 300 €.
⇒ Der Rabatt beträgt 300 €.
1500 € – 300 € (Nachlass) = 1200 €

Richtig ist | X | 1200 €.

Aufgabe P6

a) Jede Zahl der 20 Zahlen kommt einmal vor.

⇒ Die Wahrscheinlichkeit, eine 10 zu würfeln, beträgt $\boxed{\frac{1}{20}}$.

b) Die Zahlen 3, 6, 9, 12, 15, 18 (also 6 Zahlen) sind durch 3 teilbar.

⇒ Die Wahrscheinlichkeit, eine Zahl zu würfeln, die durch 3 teilbar ist, beträgt

$\boxed{\frac{6}{20}}$ oder $\boxed{\frac{3}{10}}$.

Aufgabe P7

Das große graue Quadrat hat den Flächeninhalt $A_1 = 6\text{ cm} \cdot 6\text{ cm} = 36\text{ cm}^2$.

$A = a^2$

Das kleine weiße Quadrat hat den Flächeninhalt $A_2 = 2\text{ cm} \cdot 2\text{ cm} = 4\text{ cm}^2$.

$36\text{ cm}^2 - 4\text{ cm}^2 = 32\text{ cm}^2$

Der Flächeninhalt der grauen Fläche beträgt | 32 | cm^2.

Aufgabe P8

a) + b)

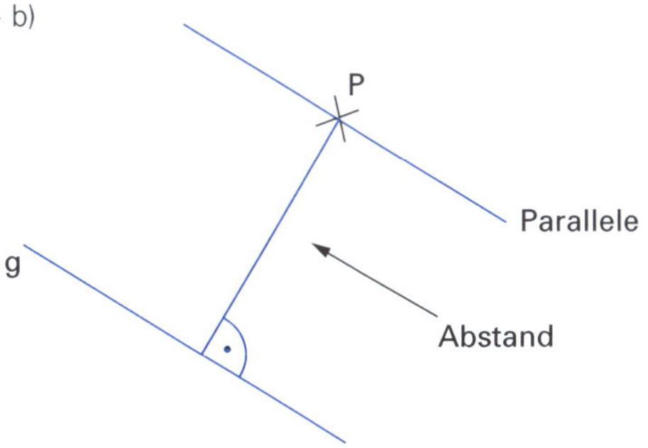

Der Abstand des Punktes P zur Geraden g beträgt | 2,5 | cm.

Aufgabe P9

Richtig ist Netz Nr. 3.

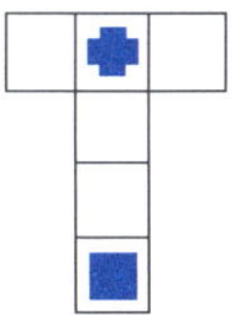

Pflichtaufgaben – Teil 2

Aufgabe P10

a) 273 km : 5 = 54,6 km

Am Tag werden 54,6 km zurückgelegt.

b) Berechnung mit dem **Dreisatz:**

: 12	12 km	$\triangleq$	60 min	: 12
· 42	1 km	$\triangleq$	5 min	· 42
	42 km	$\triangleq$	210 min	

1 h = 60 min

210 min = 3 h 30 min = 3,5 h

Die Familie braucht 3,5 Stunden.

Aufgabe P11

Konstruktionsbeschreibung:

1. Zeichne a = 6,5 cm $\Rightarrow$ [AB]
2. Trage an A den Winkel α = 55° an.
3. Trage an B den Winkel β = 70° an.
4. Zeichne einen Kreis um B mit dem Radius 3 cm.
5. Dieser Kreis schneidet den zweiten Schenkel des Winkels β im Punkt C.
6. Die Parallele durch C schneidet den zweiten Schenkel des Winkels α im Punkt D.

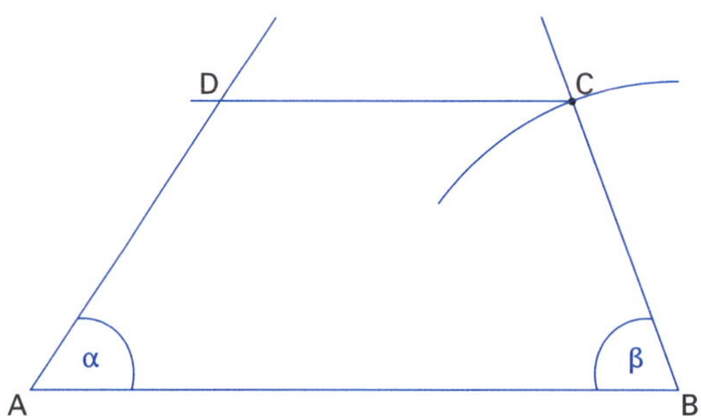

Aufgabe P12

a) 15 % Rabatt bedeuten 85 % des normalen Preises.

I. Möglichkeit (Dreisatz)

$$\begin{array}{llcll} :100 & 100\,\% & \triangleq & 120\,€ & :100 \\ \cdot 85 & 1\,\% & \triangleq & 1{,}20\,€ & \cdot 85 \\ & 85\,\% & \triangleq & 102\,€ & \end{array}$$

II. Möglichkeit

$85\,\% = \frac{85}{100} = 0{,}85$

$120\,€ \cdot 0{,}85 = 102\,€$

Der reduzierte Preis beträgt 102 €.

b) **I. Möglichkeit** (Dreisatz)

$$\begin{array}{llcll} :100 & 100\,\% & \triangleq & 70\,€ & :100 \\ \cdot 15 & 1\,\% & \triangleq & 0{,}70\,€ & \cdot 15 \\ & 15\,\% & \triangleq & 10{,}50\,€ & \end{array}$$

$70\,€ - 10{,}50\,€ = 59{,}50\,€$

$59{,}50\,€ < 60{,}20\,€$

II. Möglichkeit

$70\,€ - 60{,}20\,€ = 9{,}80\,€$

$70\,€ \triangleq 100\,\%$

$1\,€ \triangleq \frac{100}{70}\,\%$

$9{,}80\,€ \triangleq \frac{100 \cdot 9{,}80}{70\,\%}$

$= 14\,\%$

$14\,\% < 15\,\%$

Der Preis wurde um weniger als 15 % reduziert.

Aufgabe P13

Das Volumen setzt sich aus einem Quader und einem Dreiecksprisma zusammen.

Quader

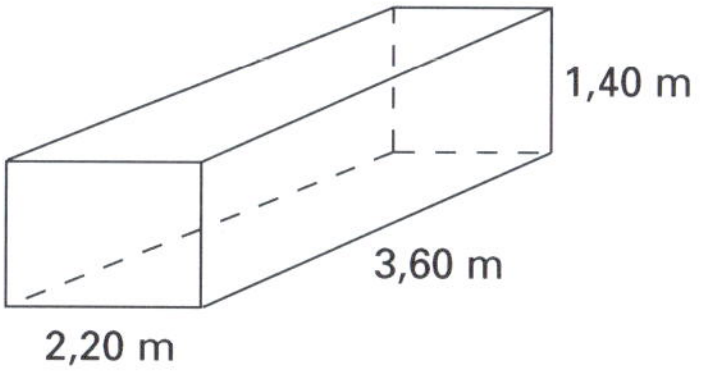

$V_Q = l \cdot b \cdot h$

$V_Q = 2{,}20\text{ m} \cdot 3{,}60\text{ m} \cdot 1{,}40\text{ m}$

$V_Q = 11{,}088\text{ m}^3$

Prisma

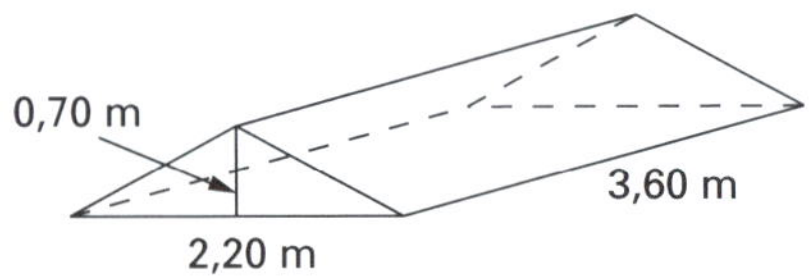

$V_P = G \cdot h$

$V_P = \frac{1}{2} \cdot 2{,}20\ m \cdot 0{,}70\ m \cdot 3{,}60\ m$

$V_P = 2{,}772\ m^3$

$V_{Gesamt} = V_Q + V_P$

$V_{Gesamt} = 11{,}088\ m^3 + 2{,}772\ m^3$

$V_{Gesamt} = 13{,}86\ m^3$

Das Gewächshaus hat ein Volumen von $13{,}86\ m^3$.

Aufgabe P14

a)
$$\begin{aligned} 8x + 12 &= 6x + 20 && \mid -6x \\ 2x + 12 &= 20 && \mid -12 \\ 2x &= 8 && \mid :2 \\ x &= 4 \end{aligned}$$

b) $10y + 15 + 5y - 3 - 2y + 8 = 13y + 20$

Aufgabe P15

a) $100\ \% - 9\ \% - 58\ \% - 25\ \% - 3\ \% = 5\ \%$

5 % wurden mit Kreditkarte bezahlt.

b) Berechnung mit dem **Dreisatz:**

: 9	9 % ≙	1800 Einkäufe	: 9
· 100	1 % ≙	200 Einkäufe	· 100
	100 % ≙	20 000 Einkäufe	

Es wurden 20 000 Einkäufe ausgewertet.

c) Berechnung mit dem **Dreisatz:**

: 100	100 % ≙	360°	: 100
· 58	1 % ≙	3,6°	· 58
	58 % ≙	208,8°	

Kim hat nicht recht, denn die 58 % sind mehr als die Hälfte der Einkäufe. Sie sind auch im Diagramm mit mehr als 180° dargestellt.

Aufgabe P16

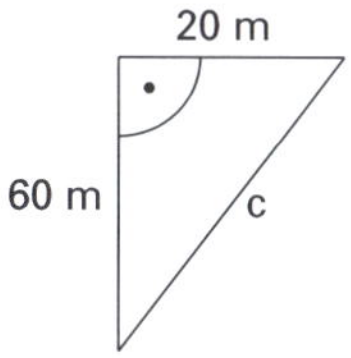

Satz des Pythagoras:

$$a^2 + b^2 = c^2$$

$c^2 = (60\ m)^2 + (20\ m)^2$
$c^2 = 4000\ m^2 \quad |\sqrt{\ }$
$c \approx 63{,}25\ m$

$63{,}25\ m - 60\ m = 3{,}25\ m$

Mario hat 3 m verschenkt.

Aufgabe P17

Die „Spannweite" beträgt etwa 1,60 m.
$23 \cdot 1{,}60\ m = 36{,}8\ m$

$$u = 2r\pi$$

Der Kreisumfang beträgt 36,8 m.
$u = 2r\pi \quad |:2\pi$

$r = \frac{u}{2 \cdot \pi}$

$r = \frac{36{,}8\ m}{2 \cdot \pi}$

$r = 5{,}86\ m$

Der Radius beträgt etwa 6 m.

Wahlaufgaben

Aufgabe W1

a) C (5 I 3,5)

b) A = 3 cm · 2 cm
A = 6 cm²

A = g · h

c) 1.
2.

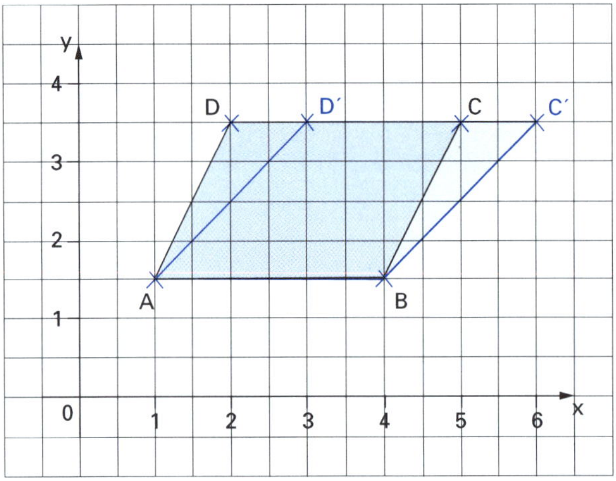

3. Der Flächeninhalt ändert sich nicht, weil die Längen der Grundlinie (3 cm) und der Höhe (2 cm) unverändert bleiben.

Aufgabe W2

a) 160 Minuten

b) 220 min · 365 = 80 300 min
80 300 min : 60 = 1338,33… Stunden
1338,33 Stunden : 24 = 55,76 Tage

1 h = 60 min

1 Tag = 24 Std.

Sie verbringen etwa 56 Tage im Jahr vor dem Fernsehgerät.

c) 220 min – 120 min = 100 min

Berechnung mit dem **Dreisatz:**

: 220	220 min ≙	100 %	: 220
· 100	1 min ≙	0,454... %	· 100
	100 min ≙	45 %	

Der tägliche Fernsehkonsum nimmt um 45 % ab.

Aufgabe W3

a) **I. Möglichkeit**

Berechnung mit dem **Dreisatz:**

: 15	15 Pralinen ≙	100 %	: 15
· 3	1 Praline ≙	$\frac{100}{15}$ %	· 3
	3 Pralinen ≙	$\frac{100 \cdot 3}{15}$ %	
		= 20 %	

II. Möglichkeit

3 von 15 bedeutet: $\frac{3}{15}$

$\frac{3}{15} = 0{,}20 = \frac{20}{100} = 20\ \%$

20 % der Pralinen sind Kokospralinen.

b) 1. P(weiße Praline) = $\frac{5}{15}$
oder
P(weiße Praline) = $\frac{1}{3}$ (gekürzt!)

2. Lösung mit der Produktregel:

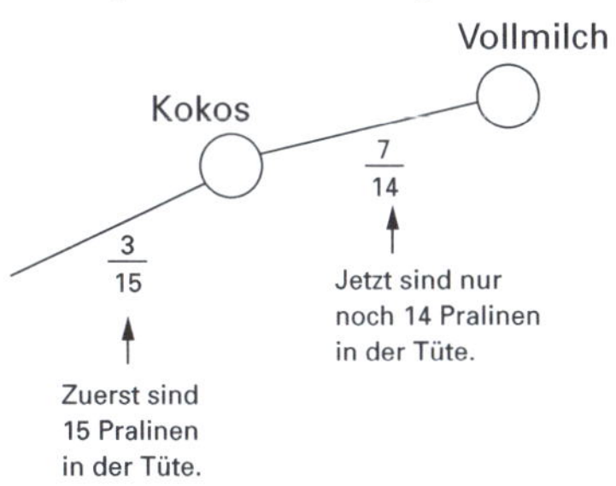

P(Kokos; Vollmilch) = $\frac{3}{15} \cdot \frac{7}{14} = \frac{21}{210}$

P(Kokos; Vollmilch) = $\frac{21}{210}$

Man kann das Ergebnis auch „gekürzt" angeben:

P(Kokos; Vollmilch) = $\frac{1}{10}$

c) $60 = 15 \cdot 4$

$\Rightarrow$ Es sind insgesamt 4-mal so viele Pralinen in der Schachtel. Dann muss von jeder Sorte auch die 4-fache Menge in der Schachtel sein.

$\Rightarrow$ $4 \cdot 7 = 28$

Es sind 28 Vollmilchpralinen in der Schachtel.

Aufgabe W4

a) $618\ \text{kg} - 475\ \text{kg} = 143\ \text{kg}$

Deutschland produziert pro Person 143 kg Abfall mehr.

b) $36\ \% + 58\ \% = 94\ \%$ $100\ \% - 94\ \% = 6\ \%$

6 % des Abfalls waren Sperrmüll.

c) $730\,000 \cdot 618\ \text{kg} = 451\,140\,000\ \text{kg}$

$451\,140\,000\ \text{kg} : 1000 = 451\,140\ \text{t}$

1 t = 1000 kg

2014 wurden ungefähr 451 140 t Abfall in Frankfurt produziert.

d) Berechnung mit dem **Dreisatz:**

: 100 (links und rechts)

$100\ \% \triangleq 618\ \text{kg}$

$1\ \% \triangleq 6{,}18\ \text{kg}$

· 36 (links und rechts)

$36\ \% \triangleq 222{,}48\ \text{kg}$

$\approx 222\ \text{kg}$

Es wurden pro Person etwa 222 kg Restmüll produziert.

e) $7\,680\,000 \cdot 365 = 2\,803\,200\,000$

Das sind fast 3 Milliarden Becher in einem Jahr. Anna hat deshalb nicht recht.

Pflichtaufgaben – Teil 1

Aufgabe P1

a) 48,6 + 13 = **61,6**

b) 0,8 · 60 = **48**

NR:
8 · 6 = 48

c) 500 – 238,5 = **261,5**

NR:

$$\begin{array}{r} 500{,}0 \\ -\ 238{,}5 \\ \scriptstyle 1\,1\,1 \\ \hline 261{,}5 \end{array}$$

d) 4 · **4,2** = 16,8

NR:

$$\begin{array}{l} 16{,}8 : 4 = 4{,}2 \\ \underline{16} \\ \ \ 08 \\ \ \ \ \underline{8} \\ \ \ \ 0 \end{array}$$

Aufgabe P2

14:25 Uhr bis 15:00 Uhr = 35 min
15:00 Uhr bis 15:05 Uhr = 5 min
40 min

55 – 40 = 15

Der Kuchen muss noch **15** Minuten im Ofen bleiben.

Aufgabe P3

Berechnung mit dem **Dreisatz**:

: 6	600 g ≙ 12 Waffeln	: 6	
· 4	100 g ≙ 2 Waffeln	· 4	
	400 g ≙ 8 Waffeln		

Christians Mehl reicht für **8** Waffeln.

Aufgabe P4

a) 4 von 9 sind umgefallen.

$\Rightarrow$ Es sind $\boxed{\frac{4}{9}}$ aller Spielfiguren umgefallen.

b) $\frac{2}{3}$ von 9 Figuren sind 6 Figuren.

$6 - 4 = 2$

$\Rightarrow$ Anzahl der Spielfiguren, die noch umfallen müssen: $\boxed{2}$.

Aufgabe P5

a) Von zehn Feldern haben zwei Felder die Ziffer 1.

$\Rightarrow$ Die Wahrscheinlichkeit beträgt $\boxed{\frac{2}{10}}$ oder $\boxed{\frac{1}{5}}$.

b) Von zehn Feldern gibt es drei graue Felder mit der Ziffer 2.

$\Rightarrow$ Die Wahrscheinlichkeit beträgt $\boxed{\frac{3}{10}}$.

c) $\frac{4}{5} = \frac{8}{10}$

erweitern

$\Rightarrow$ Es müssten $\boxed{8}$ Felder grau sein.

Aufgabe P6

a) Anton fährt insgesamt $\boxed{65}$ km.

b) Anton macht $\boxed{10}$ Minuten Pause.

c) Je steiler im Diagramm die Gerade verläuft, desto schneller ist die Fahrt.

Aufgabe P7

Die Holzleiste ist 13 cm lang. Zwischen dem linken und rechten Bohrloch stehen noch 9 cm zur Verfügung. Diese Strecke soll durch zwei weitere Bohrlöcher in drei gleich große Abschnitte aufgeteilt werden. Der Abstand zwischen zwei benachbarten Bohrlöchern muss also 3 cm sein!

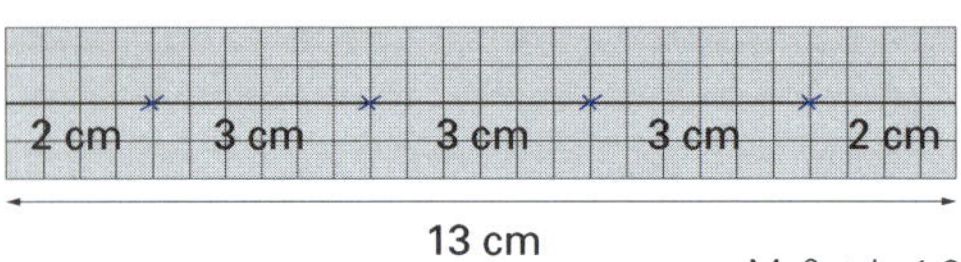

Maßstab: 1:2

Aufgabe P8

a) $\beta = 31°$

Die Größe des Winkels β beträgt 31 °.

b) $A = \frac{5 \cdot 3}{2}\ \text{cm}^2$

$A = \frac{g \cdot h}{2}$

$A = 7{,}5\ \text{cm}^2$

Der Flächeninhalt des Dreiecks ABC beträgt 7,5 cm^2.

c) Der gesuchte Punkt muss die Koordinaten P (0 | 1,5) haben.

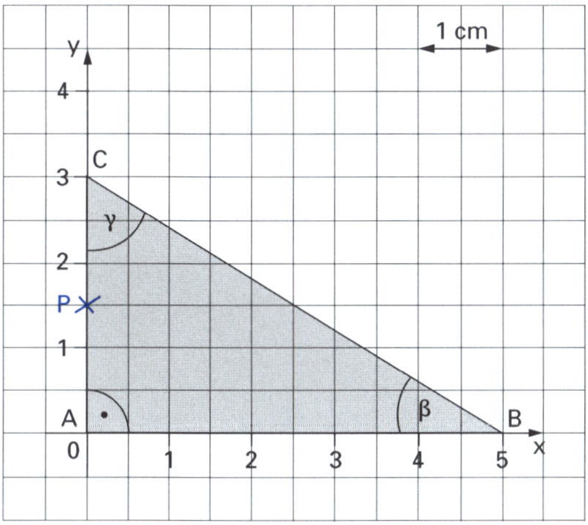

Aufgabe P9

Es werden 12 kleine Quader benötigt.

Pflichtaufgaben – Teil 2

Aufgabe P10

a) Berechnung mit dem **Dreisatz:**

$$60\ \text{m}^2 \triangleq 450\ €$$
$$:6 \qquad 10\ \text{m}^2 \triangleq 75\ € \qquad :6$$
$$\cdot 8 \qquad 80\ \text{m}^2 \triangleq 600\ € \qquad \cdot 8$$

Die Miete beträgt 600 €.

b)

$$
\begin{array}{rcl}
450\,€ & \triangleq & 60\ \text{m}^2 \\
1\,€ & \triangleq & \dfrac{60}{450}\ \text{m}^2 \\
825\,€ & \triangleq & \dfrac{60 \cdot 825}{450}\ \text{m}^2 \\
 & & = 110\ \text{m}^2
\end{array}
$$

(Umformungen auf beiden Seiten: $: 450$, dann $\cdot\, 825$)

Die Wohnung hat 110 m^2.

Aufgabe P11

a) **Konstruktionsbeschreibung:**

1. Zeichne $a = 5$ cm $\Rightarrow$ {B; C}
2. Trage an C den Winkel $\gamma = 60°$ an $\Rightarrow$ [CA
3. Der Kreis um C mit Radius $b = 6{,}5$ cm schneidet [CA im Punkt A.
4. Verbinde A mit B.

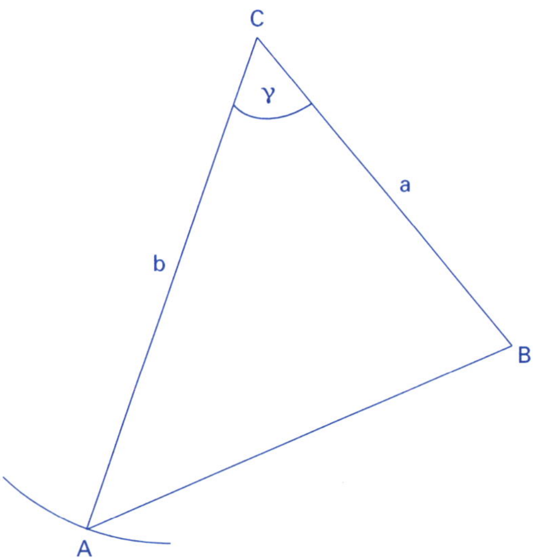

b) Freihandskizze:

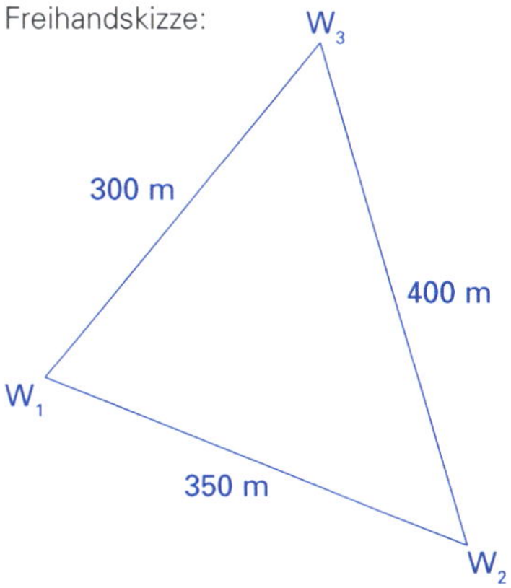

Aufgabe P12

a) Berechnung mit dem **Dreisatz**:

: 100	100 %	≙	1450 €	: 100
	1 %	≙	14,50 €	
· 119	119 %	≙	1725,50 €	· 119

oder:

1450 € · 1,19 = 1725,50 €

Der Gesamtpreis beträgt 1725,50 €.

b) Maria hat recht, denn 19 % sind etwa der 5. Teil von 100 %.

Aufgabe P13

$d = 26\ cm \Rightarrow r = 13\ cm$
$h = 10\ cm$

$V_Z = r^2 \pi \cdot h$

$V = (13\ cm)^2 \cdot \pi \cdot 10\ cm$
$V = 5309{,}29\ cm^3$

$1\ dm^3 = 1000\ cm^3$

Bei der Umrechnung in Liter muss das Komma 3 Stellen nach links versetzt werden.

$1\ dm^3 = 1\ l$

$V = 5{,}309\ l \approx 5\ l$

Das Volumen beträgt etwa 5 Liter.

Aufgabe P14

a) $44x - 4 = 42x + 12 - 6x$

$44x - 4 = 36x + 12 \quad | -36x$

$8x - 4 = 12 \quad | +4$

$8x = 16 \quad | :8$

$x = 2$

b) $3 \cdot x + 18 = 4x$

Aufgabe P15

a) $\text{Durchschnittlicher Gewinn} = \frac{\text{Summe aller Gewinne}}{\text{Anzahl der Klassen}}$

82 € + 229 € + 93 € + 265 € + 181 € = 850 €

$\text{Durchschnittlicher Gewinn} = \frac{850\ €}{5} = 170\ €$

Der durchschnittliche Gewinn beträgt 170 €.

b) Gewinn der 8. Klassen:
82 € + 229 € + 93 € = 404 €

Gewinn der 9. Klassen:
265 € + 181 € = 446 €

446 € ist mehr als 404 €.

Der Vollwinkel beim Kreisdiagramm beträgt 360°. Weil die 9. Klassen mehr als die Hälfte des Gesamtgewinns gespendet haben, muss auch der Winkel größer als die Hälfte von 360° (= 180°) sein.

c) Der Durchschnittsgewinn der beiden Klassen beträgt 198 €, also muss der doppelte Wert gesammelt worden sein, also 198 € · 2 = 396 €.
Die Klasse 7a hat 232 € erzielt, also muss die Klasse 7b 396 € – 232 € = 164 € gesammelt haben.

Aufgabe P16

d = 40 cm ⇒ Radius r = 20 cm

Nach dem **Satz des Pythagoras** gilt:

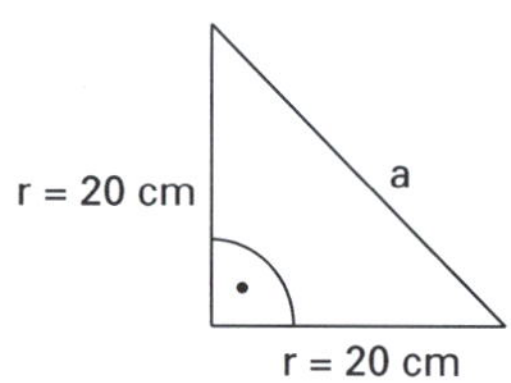

$r^2 + r^2 = a^2$

$(20\text{ cm})^2 + (20\text{ cm})^2 = a^2$

$400\text{ cm}^2 + 400\text{ cm}^2 = a^2$

$a^2 = 800\text{ cm}^2 \quad | \sqrt{\ }$

$a = 28{,}28\text{ cm}$

$a \approx 28\text{ cm}$

Aufgabe P17

a) Die Kantenlänge des Würfels beträgt etwa 11 m.

$V_{Würfel} = (11\ m)^3$
$V_{Würfel} = 1331\ m^3$

$V_{Würfel} = a^3$

Der Heißluftballon hat etwa ein Volumen von 1331 m^3.

b)

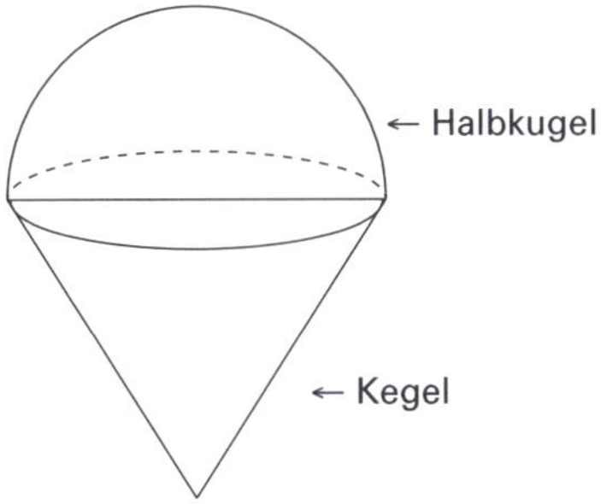

Das Volumen des Heißluftballons kann man besser mit dem Volumen einer Halbkugel und eines Kegels berechnen, weil die Rundung der Halbkugel der Form des Heißluftballons eher entspricht als der kantige Würfel.

Wahlaufgaben

Aufgabe W1

a)

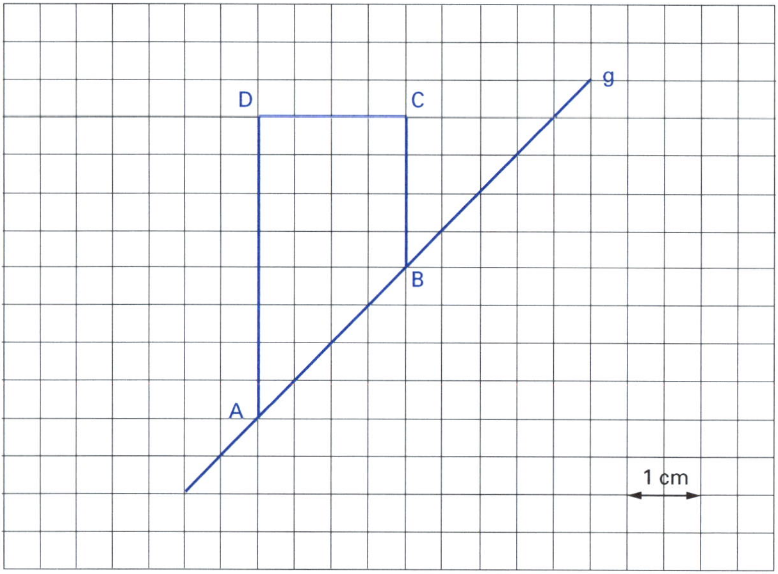

b) $\beta = 135°$ (durch Abmessen)
Man kann β aber auch berechnen:

Δ ABE ist gleichschenklig-rechtwinklig.
⇒ Der Winkel bei B muss 45° sein.
⇒ $\beta = 90° + 45°$
$\beta = 135°$

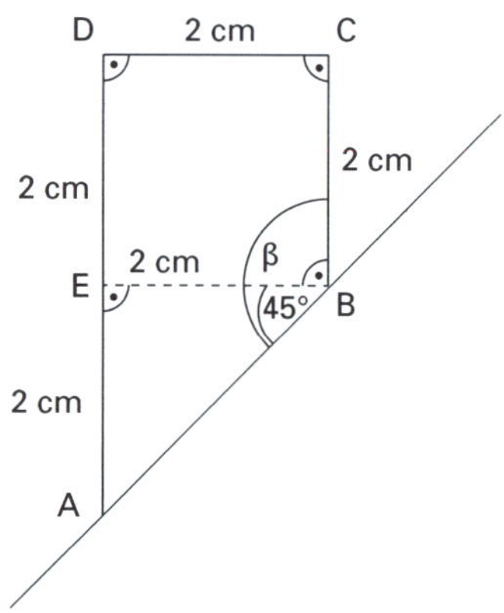

c) $a = \overline{AD} = 4\ \text{cm}$
$c = \overline{BC} = 2\ \text{cm}$
$h = \overline{DC} = 2\ \text{cm}$
$A_{Trapez} = \frac{4\ \text{cm} + 2\ \text{cm}}{2} \cdot 2\ \text{cm}$
$A_{Trapez} = 6\ \text{cm}^2$

$$A_{Trapez} = \frac{a + c}{2} \cdot h$$

d) 1.

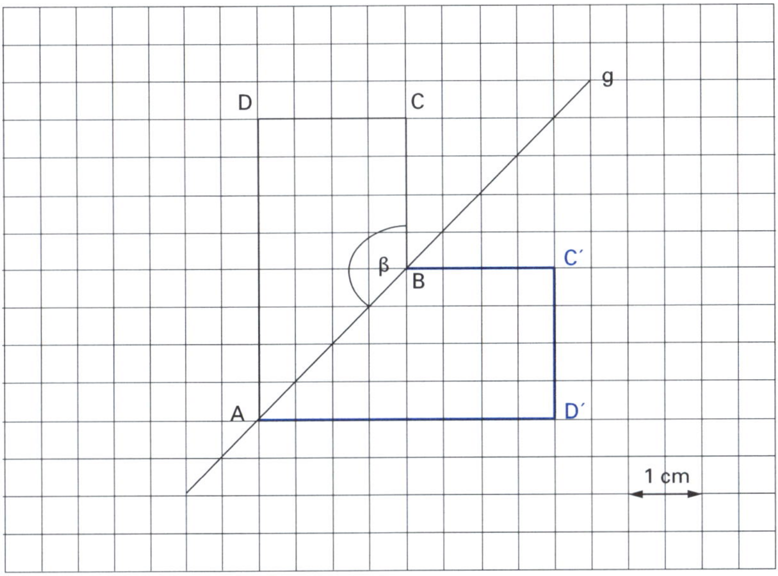

2. Das Vieleck besteht aus den beiden Vierecken AD´C´B und ABCD. Jedes der beiden Vierecke hat die Winkelsumme 360°. Also beträgt die Winkelsumme der Figur 720°. Paul hat recht.

Aufgabe W2

a) 668 000

b) 708 000 – 694 000 = 14 000

I. Möglichkeit (Dreisatz)

$$694\,000 \mathrel{\hat{=}} 100\ \%$$
: 694 ↓ ↓ : 694
$$1000 \mathrel{\hat{=}} \frac{100}{694}\ \%$$
· 14 ↓ ↓ · 14
$$14\,000 \mathrel{\hat{=}} \frac{100 \cdot 14}{694}\ \%$$
$$\approx 2\ \%$$

II. Möglichkeit (Quotient)

$\frac{14\,000}{694\,000} = 0{,}0202 = \frac{202}{10\,000} = \frac{2{,}02}{100} \approx$ 2 %

c) Bevölkerung 2015: 724 000

I. Möglichkeit (Dreisatz)

: 100	100 % ≙	724 000 Personen	: 100
· 16	1 % ≙	7240 Personen	· 16
	16 % ≙	16 · 7240 Personen	
		= 115 840 Personen	

II. Möglichkeit (Multiplikation mit Faktor)

$16\ \% = \frac{16}{100} = 0{,}16$

$724\,000 \cdot 0{,}16 = 115\,840$

115 840 Personen waren jünger als 18 Jahre.

d) Für 729 000 Einwohner würde man
729 000 : 1000 = 729 mm benötigen.
729 mm = 72,9 cm

1 cm = 10 mm

Nein, ein solches Diagramm würde auf kein DIN-A4-Blatt passen.

Aufgabe W3

a) 1. 15 Tüten, 5 davon haben eine Badekugel

⇒ P(Badekugel) = $\frac{5}{15} = \frac{1}{3}$

2. 15 Tüten, 9 davon haben keine Lavendelseife

⇒ P(keine Lavendelseife) = $\frac{9}{15} = \frac{3}{5}$

3. P(Lavendelseife) = $\frac{6}{15}$ = 0,40 = 40 % P(Duftkerze) = $\frac{4}{15}$ ≈ 0,27 ≈ 27 %

P(Badekugel) = $\frac{5}{15}$ ≈ 0,33 ≈ 33 %

⇒ In der Tüte ist Lavendelseife.

b)

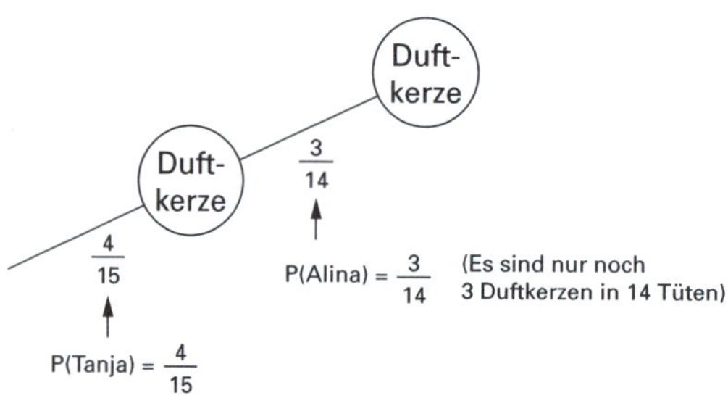

Nach der **Produktregel** gilt:
P(Duftkerze in beiden Tüten) =

$\frac{4}{15} \cdot \frac{3}{14} = \frac{12}{210}$

oder der gekürzte Wert:
P(Duftkerze in beiden Tüten) = $\frac{2}{35}$

c) $15 - 4 = 11$

In 11 Tüten ist keine Duftkerze.

Der Gast muss mindestens 12 Tüten nehmen.

Aufgabe W4

a) $12\ m^2 + 20\ m^2 + 15\ m^2 + 6{,}5\ m^2 = 53{,}5\ m^2$

$62\ m^2 - 53{,}5\ m^2 = 8{,}5\ m^2$

Der Flächeninhalt des Flures beträgt $8{,}5\ m^2$.

b) Wohnzimmer

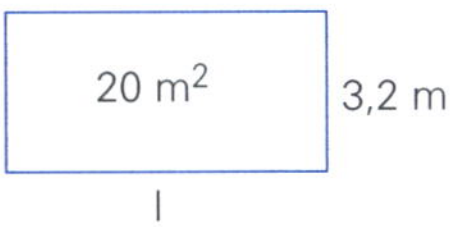

$A_R = a \cdot b$

$l \cdot 3{,}2\ m = 20\ m^2 \qquad | : 3{,}2\ m$

$l = 6{,}25\ m$

Das Wohnzimmer ist 6,25 m lang.

c) Nebenkosten $62\ m^2 \cdot 1{,}30\ \frac{€}{m^2} = 80{,}60\ €$ monatlich.
Garagenmiete: $540\ € : 12 = 45\ €$ monatlich
Kaltmiete: 403 € monatlich
$80{,}60\ € + 45\ € + 403\ € = 528{,}60\ €$ monatlich

Die monatlichen Gesamtkosten betragen 528,60 €.

d) Berechnung mit dem **Dreisatz**:

: 26 (links und rechts)

$26\ \% \mathrel{\hat{=}} 403\ €$

$1\ \% \mathrel{\hat{=}} 15{,}50\ €$

$100\ \% \mathrel{\hat{=}} 1550\ €$

· 100 (links und rechts)

Tim erhält 1550 € Gehalt.

Pflichtaufgaben – Teil 1

Aufgabe P1

a) $0{,}4 + 0{,}24 =$ **0,64**

NR:
$$\begin{array}{r} 0{,}4 \\ +\,0{,}24 \\ \hline 0{,}64 \end{array}$$

b) $13 - 8{,}3 =$ **4,7**

NR:
$$\begin{array}{r} 13 \\ -\;8{,}3 \\ {\scriptstyle 1\,1} \\ \hline 4{,}7 \end{array}$$

c) $\frac{2}{3} \cdot \frac{1}{5} = \frac{2 \cdot 1}{3 \cdot 5} =$ **$\frac{2}{15}$**

d) $28{,}8 : 4 =$ **7,2**

NR: Komma weglassen
288 : 4 = 72
28
08
8
0
Komma setzen
⇒ 7,2

Aufgabe P2

a) Kilometerstand

Hamburg	2750 km
Kassel	– 2480 km
	270 km

Lars ist von Kassel nach Hamburg **270** km gefahren.

b) 10:20 Uhr bis 11:00 Uhr = 40 Min.
11:00 Uhr bis 14:00 Uhr = 3 Std.

Lars hat **3** Stunden und **40** Minuten benötigt.

Aufgabe P3

$7{,}50 \cdot 3 = 22{,}50$ €

NR: Komma weglassen

$$\begin{array}{r} \underline{750 \cdot 3} \\ 0 \\ 15 \\ \underline{21} \\ 2250 \end{array}$$

Komma setzen

$\Rightarrow 22{,}50$ €

$11{,}00 \cdot 2 = 22{,}00$ €

NR:

$$\begin{array}{r} 11{,}00 \\ \underline{+\ 11{,}00} \\ 22{,}00 \end{array}$$

$\Rightarrow 22{,}00$ €

$$\begin{array}{r} 22{,}50\ € \\ \underline{+\ 22{,}00\ €} \\ 44{,}50\ € \end{array}$$

Familie Krug muss insgesamt [44,50] € bezahlen.

Aufgabe P4

Winkelsummensatz: Alle 3 Winkel ergeben zusammen 180°.

$65° + 40° = 105°$
$180° - 105° = 75°$ $\alpha =$ [75]°

Nebenwinkel ergeben zusammen 180°.

$180° - 75° = 105°$ $\beta =$ [105]°

Aufgabe P5

$a \cdot b = A_{Rechteck}$

$a \cdot b = 20\ cm^2$

$10 \cdot 2 = 20$

$4 \cdot$ [5] $= 20\ cm^2$

[8] $\cdot\ 2{,}5 = 20\ cm^2$

Länge a in cm	10	4	8
Breite b in cm	2	5	2,5

Aufgabe P6

a)

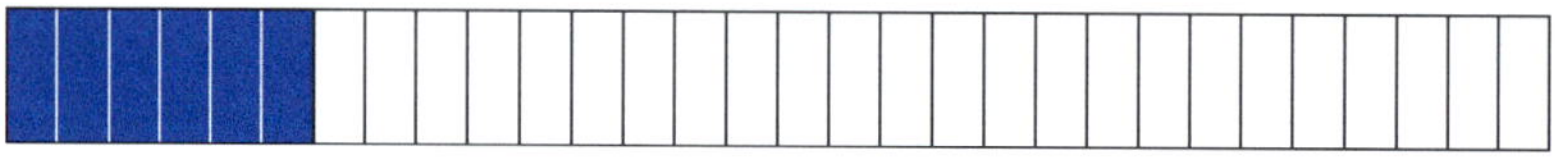

Berechnung mit dem **Dreisatz:**

: 10 ↓	30 Kästchen ≙ 100%	↓ : 10
· 2 ↓	3 Kästchen ≙ 10%	↓ · 2
	6 Kästchen ≙ 20%	

Es müssen 6 Kästchen gefärbt werden.

b)

: 2 ↓	2 Kästchen ≙ 14 cm^2	↓ : 2
· 5 ↓	1 Kästchen ≙ 7 cm^2	↓ · 5
	5 Kästchen ≙ 35 cm^2	

Der gesamte Streifen ist [35] cm^2 groß.

Aufgabe P7

Spiel A

Es gibt 3 gerade Zahlen und 3 ungerade Zahlen.

Eine gerade Zahl würfeln:

$$\frac{3}{6} = \frac{1}{2} = 50\%$$

3 → Anzahl gerader Zahlen

6 → Es gibt 6 Zahlen.

Spiel B

4 blaue Kugeln
6 rote Kugeln } insgesamt 10 Kugeln

Eine blaue Kugel ziehen:

$$\frac{4}{10} = \frac{40}{100} = 40\%$$

4 → Anzahl blauer Kugeln

10 → Anzahl der Kugeln insgesamt

[x] Spiel A

Bei Spiel A ist mit 50% die Wahrscheinlichkeit zu gewinnen höher als bei Spiel B mit 40%.

Aufgabe P8

I. Möglichkeit

Abzählen der Kästchen = 52
4 Kästchen ≙ 1 cm^2

52 Kästchen : 4 = 13 cm^2

II. Möglichkeit

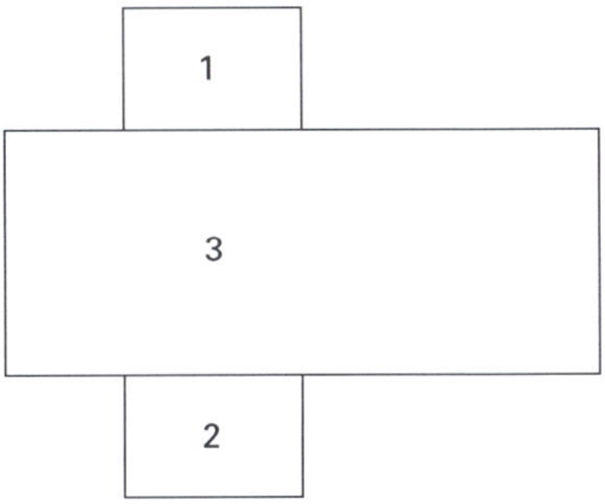

$A_{Rechteck} = a \cdot b$

Aufteilen in 3 Rechtecke:

1. Rechteck	1 cm · 1,5 cm =	1,5 cm^2
2. Rechteck	1 cm · 1,5 cm =	+1,5 cm^2
3. Rechteck	5 cm · 2 cm =	+ 10 cm^2
		13 cm^2

Der Flächeninhalt der grauen Figur beträgt [13] cm^2.

Aufgabe P9

a) Der abgebildete Körper hat [10] Ecken.

b) Der abgebildete Körper hat [15] Kanten.

Pflichtaufgaben – Teil 2

Aufgabe P10

Berechnung mit dem **Dreisatz:**

a)

:9	45 Stunden ≙ 414,00 €	:9	
·11	5 Stunden ≙ 46,00 €	·11	
	55 Stunden ≙ 506,00 €		

Ina verdient im März 506,00 €.

b)

:414	414,00 € ≙ 45 Stunden	:414
·386,40	1,00 € ≙ 0,10869565 Stunden	·386,40
	386,40 € ≙ 42 Stunden	

Ina hat im April 42 Stunden gearbeitet.

Aufgabe P11

a)

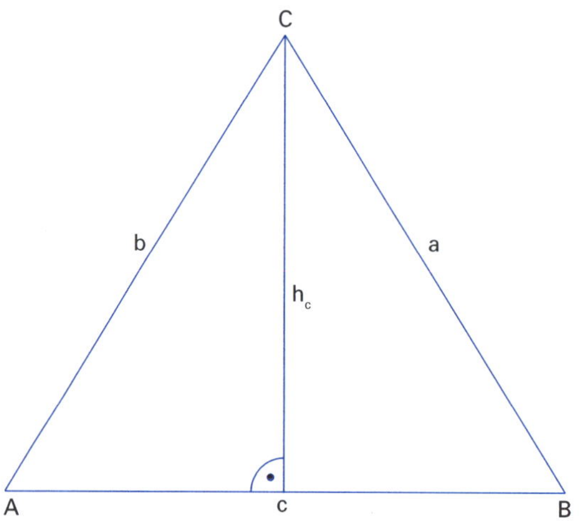

Konstruktionsbeschreibung:
1. Zeichne c mit 7 cm.
2. Da a = b ist, halbiert h_c die Seite c. Zeichne h_c mit 5,5 cm. Die Höhe steht senkrecht auf c.
3. Verbinde zum Dreieck ABC.

b) Der Winkel β kann nicht 50° sein, weil in einem gleichseitigen Dreieck alle drei Innenwinkel 60° sind.

Aufgabe P12

$A_{Kreis} = \pi \cdot r^2$
$A_{Kreis} = \pi \cdot (2{,}5\ \text{cm})^2$
$A_{Kreis} \approx 19{,}63\ \text{cm}^2$

Da der Kreis in 3 gleich große Abschnitte geteilt wurde, teilt man das Ergebnis durch 3.
Fläche eines Kreisausschnitts:
$19{,}63\ \text{cm}^2 : 3 = 6{,}54\ \text{cm}^2$

Fläche der zwei Kreisausschnitte:
$6{,}54\ \text{cm}^2 \cdot 2 = 13{,}08\ \text{cm}^2$
$\approx 13\ \text{cm}^2$

Der Flächeninhalt der grauen Fläche beträgt 13 cm².

Aufgabe P13

a) Nach 4 Jahren beträgt der Restwert des Autos laut Grafik 50%. Dies entspricht der Halbierung des Neupreises.

b) Berechnung mit dem **Dreisatz:**

: 100	100%	≙	17 400 €	: 100
· 35	1%	≙	174 €	· 35
	35%	≙	6090 €	

oder

Berechnung mit der **Formel:**

GW = 17 400 €
p% = 35%
PW = ?

$$PW = \frac{GW \cdot p}{100}$$

$$PW = \frac{17\,400\ € \cdot 35}{100}$$

$$PW = 6090\ €$$

Der Restwert des Autos beträgt 6090 €.

c) Berechnung mit dem **Dreisatz:**

: 40	40%	≙	13 800 €	: 40
· 100	1%	≙	345 €	· 100
	100%	≙	34 500 €	

oder

Berechnung mit der **Formel:**

PW = 13 800 €
p% = 40%
GW = ?

$$GW = \frac{PW \cdot 100}{p}$$

$$GW = \frac{13\,800\text{ €} \cdot 100}{40}$$

$$GW = 34\,500\text{ €}$$

Der Neupreis des Autos beträgt 34 500 €.

Aufgabe P14

$d = 30\text{ cm} \quad \Rightarrow \quad r = \frac{d}{2} \qquad r = \frac{30\text{ cm}}{2} \qquad r = 15\text{ cm}$

Berechnung des Volumens:

$$V = \frac{4}{3} \cdot \pi \cdot r^3$$

$$V = \frac{4}{3} \cdot \pi \cdot (15\text{ cm})^3$$

$$V \approx 14\,137{,}17\text{ cm}^3$$

Berechnung der Masse:

$$14\,137{,}17\text{ cm}^3 \cdot 2{,}7\,\frac{\text{g}}{\text{cm}^3} = 38\,170{,}36\text{ g} \approx 38\text{ kg}$$

Aufgabe P15

a)
$$\begin{aligned} 15x - 12 &= 3x + 9 + 5x \\ 15x - 12 &= 8x + 9 && | -8x \\ 7x - 12 &= 9 && | +12 \\ 7x &= 21 && | :7 \\ x &= 3 \end{aligned}$$

b)
$4 \cdot 15\text{ cm} = 60\text{ cm}$
$2 \cdot 6\text{ cm} = +\ 12\text{ cm}$
72 cm

Gesamte Länge des Streckenzugs = 96 cm

96 cm
$-\ 72\text{ cm}$
24 cm

$3x = 24\text{ cm} \quad | :3$
$x = 8\text{ cm}$

Die Länge x beträgt 8 cm.

Aufgabe P16

Berechnung mit dem **Satz des Pythagoras:**

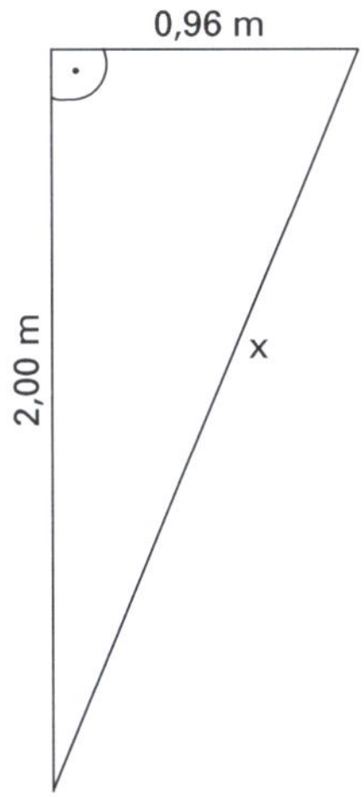

$x^2 = (2{,}00\ m)^2 + (0{,}96\ m)^2$
$x^2 = 4\ m^2 + 0{,}9216\ m^2$
$x^2 = 4{,}9216\ m^2 \quad |\sqrt{\ }$
$x = 2{,}22\ m$

Der Spiegel passt durch die Tür.

Aufgabe P17

Das Volumen des Schmutzwäschebehälters ist mit der Volumenformel eines Quaders zu berechnen. $\Rightarrow V = a \cdot b \cdot c$

Annahmen:

Ein Schuh ist ca. 25 cm lang.
Die Höhe entspricht etwas mehr als zwei aufeinander gestellten Schuhen.
Länge a = 35 cm
Breite b = 25 cm
Höhe c = 55 cm

$V = a \cdot b \cdot c$
$V = 35\ cm \cdot 25\ cm \cdot 55\ cm$
$V = 48\ 125\ cm^3$

$1\ dm^3 = 1000\ cm^3$
$1\ dm^3 = 1\ l$

Bei der Umrechnung wird das Komma um 3 Stellen nach links verschoben.

$V = 48{,}125\ dm^3 \approx$ 48 Liter

Wahlaufgaben

Aufgabe W1

a) A (-3 I -2)

b) Der Punkt G (-5 I 3) oder D (1 I 3).

c) $A_{Trapez} = \frac{a + c}{2} \cdot h$

$a = 3\ cm$
$c = 4\ cm$
$h = 5\ cm$

$A = \frac{3\ cm + 4\ cm}{2} \cdot 5\ cm$

$A = 17{,}5\ cm^2$

d) Beide Dreiecke haben die gleich lange Höhe und Grundseite.
Aus diesem Grund muss auch der Flächeninhalt gleich sein.

oder

Rechnerische Begründung:

Dreieck ABE

$A = \frac{g \cdot h}{2}$

$A = \frac{3\ cm \cdot 5\ cm}{2}$

$A = 7{,}5\ cm^2$

Dreieck BCD

$A = \frac{g \cdot h}{2}$

$A = \frac{3\ cm \cdot 5\ cm}{2}$

$A = 7{,}5\ cm^2$

Aufgabe W2

a) Berechnung mit dem **Dreisatz:**

: 2 60 min ≙ 28 800 km : 2
30 min ≙ 14 400 km
· 3 90 min ≙ 43 200 km · 3

Für eine Erdumrundung legt die ISS 43 200 km zurück.

b) 1 Tag ≙ 24 h
24 h ≙ 1440 min

1440 min : 90 $\frac{min}{Erdumrundung}$ = 16 Erdumrundungen

c) 1 h ≙ 3600 s
d. h. 28 800 km ≙ 3600 s

Berechnung mit dem **Dreisatz:**

	28 800 km ≙ 3600 s		
: 288	100 km ≙ 12,5 s	: 288	
· 8	800 km ≙ 100 s	· 8	

Die ISS benötigt 100 s für eine Strecke von 800 km.

d) 1 Jahr = 252 Millionen km = 252 000 000 km

Also: D

Aufgabe W3

a) 8 Lieblingslieder

P(Oh Happy Day) = $\frac{1}{8}$

b) P(Let the Sun Shine) = $\frac{1}{8}$

P(In the Jungle) = $\frac{1}{7}$

P(Let the Sun Shine I In the Jungle) = $\frac{1}{8} \cdot \frac{1}{7} = \frac{1}{56}$

c) 137 317 713
173 371 731

d) Lena hat nicht recht, denn $\frac{1}{8} > \frac{1}{16}$.

Aufgabe W4

a) 1. $u = x + y + z + z + y$
$u = 8\text{ cm} + 3\text{ cm} + 5\text{ cm} + 5\text{ cm} + 3\text{ cm}$
$u = 24\text{ cm}$

Der Umfang beträgt 24 cm.

2. $u = x + y + z + z + y$
$u = x + 2y + 2z$

b)

$$A_{Rechteck} = a \cdot b \triangleq x \cdot y$$

$$A_{Dreieck} = \frac{g \cdot h}{2} \triangleq \frac{x \cdot y}{2}$$

Also: $A = x \cdot y + \frac{x \cdot y}{2}$

$A = 8\text{ cm} \cdot 3\text{ cm} + \frac{8\text{ cm} \cdot 3\text{ cm}}{2}$

$A = 36\text{ cm}^2$

c) Mario kann das Dreieck mit den angegebenen Maßen nicht zeichnen, weil in einem Dreieck Folgendes gilt:
Zwei Seitenlängen zusammen müssen immer länger als die dritte sein.

$2\text{ cm} + 2\text{ cm} > 8\text{ cm}$

$4\text{ cm} > 8\text{ cm} \Rightarrow$ Dies ist falsch.

Aus diesem Grund ist das Dreieck nicht zu zeichnen.

Pflichtaufgaben – Teil 1

Aufgabe P1

a) $7{,}6 + 2{,}5 = \boxed{10{,}1}$

NR:
```
  7,6
+ 2,5
   1
-----
 10,1
```

b) $9{,}5 - 12 = \boxed{-2{,}5}$

NR: Rechnung umdrehen
```
 12,0
– 9,5
-----
 -2,5
```
⇒ Negatives Vorzeichen setzen

c) $6{,}5 : 5 = \boxed{1{,}3}$

NR: Komma weglassen
```
 65 : 5 = 13
– 5
---
 15
– 15
----
  0
```
Komma wieder setzen
⇒ 1,3

d) $0{,}73 \cdot 4 = \boxed{2{,}92}$

NR: Komma weglassen
```
73 · 4
-------
    12
    28
-------
   292
```
Komma wieder setzen

⇒ 2,92

e) $\frac{1}{5} \cdot 3 = \frac{1 \cdot 3}{5 \cdot 1} = \boxed{\frac{3}{5}}$

Aufgabe P2

100 ml entsprechen 0,1 Liter.
600 ml = 0,6 Liter

0,06 Liter	0,6 Liter	6 dm^3	60 cm^3	6000 mm^3
☐	☒	☐	☐	☐

Rechnung:
600 : 1000 = 0,6
Das Komma wird um 3 Stellen nach links verschoben.

Prüfungen

Aufgabe P3

a) Anzahl der Teelöffel = 9; Gesamtzahl Löffel = 20 } $\frac{9}{20}$

Der Anteil der Teelöffel beträgt $\boxed{\frac{9}{20}}$.

b) Anzahl der Eislöffel = 5; Gesamtzahl Löffel = 20 } $\frac{5}{20}$

$\frac{5}{20} = \frac{25}{100} = 0{,}25 = 25\ \%$

Der Anteil der Eislöffel beträgt $\boxed{25}$ %.

Aufgabe P4

a) Berechnung mit dem **Dreisatz**:

$$\begin{array}{rcl} 30 \text{ Minuten} & \triangleq & 2 \text{ cm} \\ 15 \text{ Minuten} & \triangleq & 1 \text{ cm} \\ 165 \text{ Minuten} & \triangleq & 11 \text{ cm} \end{array}$$

(: 2 und · 11 auf beiden Seiten)

Es dauert $\boxed{165}$ Minuten.

b)

$$\begin{array}{rcl} \frac{2}{3} & \triangleq & 12 \text{ cm} \\ \frac{1}{3} & \triangleq & 6 \text{ cm} \\ \frac{3}{3} & \triangleq & 18 \text{ cm} \end{array} \qquad \frac{3}{3} = 1$$

(: 2 und · 3 auf beiden Seiten)

Die Kerze war ursprünglich $\boxed{18}$ cm hoch.

Aufgabe P5

a) Bestimmen durch Ablesen:
Um 21:00 Uhr war der Pegelstand $\boxed{469}$ cm hoch.

b) Der Pegelstand war um $\boxed{9{:}00}$ Uhr am höchsten.

c) Berechnung der Zeitspanne:
Von 10 Uhr bis 16 Uhr vergehen 6 Stunden.

Der Pegelstand hat sich $\boxed{6}$ Stunden gehalten.

Aufgabe P6

Die Seite a ist | 4 | cm lang.

Berechnung des Flächeninhalts des Rechtecks:

$A = a \cdot b$
$A = 4\ cm \cdot 1{,}5\ cm$
$A = 6\ cm^2$

Der Flächeninhalt des Rechtecks ist | 6 | cm^2 groß.

Aufgabe P7

a) $\alpha =$ | 160 | °

$\beta =$ | 200 | ° (360° – 160°)

b) Nein, Lilly hat nicht recht.
Ein gestreckter Winkel ist 180° groß.
Wenn $\alpha = 60°$ wäre, dann wäre $3 \cdot \alpha = 180°$.
Der Winkel α kann also nicht 50° sein.

Aufgabe P8

Bestimmung der Anzahl durch Zählen:

Der Körper hat | 10 | Flächen.

Pflichtaufgaben – Teil 2

Aufgabe P9

Berechnung mit dem **Dreisatz**:

a)

: 30	30 Liter ≙ 45,60 €	: 30	
	1 Liter ≙ 1,52 €		
· 4	4 Liter ≙ 6,08 €	· 4	

Henri zahlt für 4 Liter „Super" 6,08 €.

b)

: 45,60	45,60 € ≙ 30 Liter	: 45,60
	1,00 € ≙ 0,657 … Liter	
· 68,40	68,40 € ≙ 45 Liter	· 68,40

Die Kundin tankt 45 Liter.

Aufgabe P10

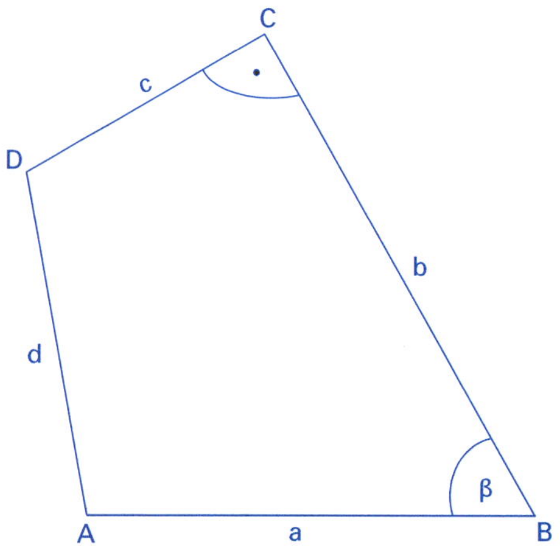

Konstruktionsbeschreibung:
1. Zeichne a mit 5 cm.
2. Trage den Winkel **β** mit 60° am Punkt B ab.
3. Zeichne b mit 6 cm.
4. Trage den rechten Winkel (90°) am Punkt C ab.
5. Zeichne c mit 3 cm.
6. Verbinde den Punkt D mit dem Punkt A zum Viereck ABCD.
7. Beschrifte die Konstruktion.

Aufgabe P11

a) Berechnung der Gesamtzahl der Befragten durch Addieren:

54 Befragte + 126 Befragte = 180 Befragte

Berechnung mit dem **Dreisatz**:

: 180	180 Befragte ≙ 100 %	: 180
· 126	1 Befragter ≙ 0,555 … %	· 126
	126 Befragte ≙ 70 %	

oder

Berechnung mit der **Formel**:

GW = 180 Befragte PW = 126 Befragte p % = ?

$$p\,\% = \frac{PW \cdot 100}{GW}$$

$$p\,\% = \frac{126 \cdot 100}{180}$$

p % = 70 %

70 % der Befragten tragen immer einen Helm.

b) Berechnung mit dem **Dreisatz**:

65 % tragen immer einen Helm. Somit tragen 35 % keinen Helm.
100 % – 65 % = 35 %

: 100	100 % ≙ 220 Befragte	: 100
· 35	1 % ≙ 2,2 Befragte	· 35
	35 % ≙ 77 Befragte	

oder

Berechnung mit der **Formel:**

GW = 220 p % = 35 % PW = ?

$$PW = \frac{p\,\% \cdot GW}{100}$$

$$PW = \frac{35 \cdot 220}{100}$$

PW = 77

77 Befragte tragen keinen Helm.

Aufgabe P12

Berechnung des Flächeninhalts eines Dreiecks:

Gegeben: $g = 6\text{ m}$; $h = 6\text{ m}$

$$A_{Dreieck} = \frac{g \cdot h}{2}$$

$$A_{Dreieck} = \frac{6\text{ m} \cdot 6\text{ m}}{2}$$

$$A_{Dreieck} = 18\text{ m}^2$$

Berechnung des Flächeninhalts des Trapezes:

Gegeben: $a = 12\text{ m}$; $c = 7\text{ m}$; $h = 6\text{ m}$

$$A_{Trapez} = \frac{a + c}{2} \cdot h$$

$$A_{Trapez} = \frac{12\text{ m} + 7\text{ m}}{2} \cdot 6\text{ m}$$

$$A_{Trapez} = 57\text{ m}^2$$

Berechnung der Gesamtfläche des Daches:

$$A_{gesamt} = 2 \cdot A_{Dreieck} + 2 \cdot A_{Trapez}$$

$$A_{gesamt} = 2 \cdot 18\text{ m}^2 + 2 \cdot 57\text{ m}^2$$

$$A_{gesamt} = 150\text{ m}^2$$

Die Gesamtfläche des Daches beträgt 150 m^2.

Aufgabe P13

Berechnung des Volumens mithilfe der Volumenformel einer quadratischen Pyramide:

Gegeben: $a = 4\text{ cm}$; $h_K = 3\text{ cm}$

$$V_{Pyramide} = \frac{1}{3} \cdot a^2 \cdot h_K$$

$$V_{Pyramide} = \frac{1}{3} \cdot (4\text{ cm})^2 \cdot 3\text{ cm}$$

$$V_{Pyramide} = 16\text{ cm}^3$$

Somit ergibt sich durch Ablesen aus der Tabelle, dass es sich um Malachit handelt.

Berechnung mit dem **Dreisatz**:

$$57{,}6\text{ g} : 16\text{ cm}^3 = 3{,}6\,\frac{\text{g}}{\text{cm}^3}$$

$$\begin{array}{rcl} 57{,}6\text{ g} & \triangleq & 16\text{ cm}^3 \\ 3{,}6\text{ g} & \triangleq & 1\text{ cm}^3 \end{array} \quad (:16 \text{ auf beiden Seiten})$$

Aufgabe P14

a)
$$
\begin{aligned}
22x - 12 - 7x &= 8x + 9 && \mid \text{zusammenfassen}\\
15x - 12 &= 8x + 9 && \mid +12\\
15x &= 8x + 21 && \mid -8x\\
7x &= 21 && \mid :7\\
x &= 3
\end{aligned}
$$

b) Einsetzen von x = -4 ergibt:
$$
\begin{aligned}
x \cdot x + 13 &= 29\\
(-4) \cdot (-4) + 13 &= 29\\
16 + 13 &= 29\\
29 &= 29
\end{aligned}
$$

Somit ist x = -4 Lösung der Gleichung.

Aufgabe P15

Berechnung der Diagonale d mit dem **Satz des Pythagoras**:

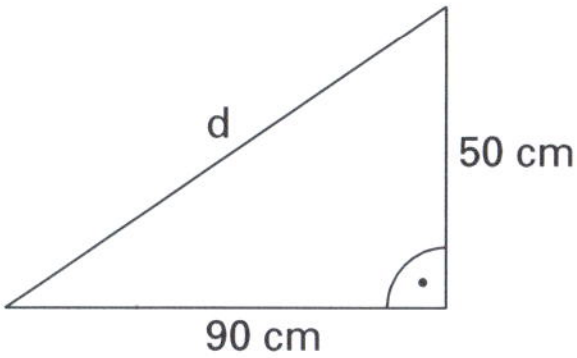

$$
\begin{aligned}
d^2 &= (90\text{ cm})^2 + (50\text{ cm})^2\\
d^2 &= 8100\text{ cm}^2 + 2500\text{ cm}^2\\
d^2 &= 10\,600\text{ cm}^2 && \mid \sqrt{\ }\\
d &= 102{,}956\text{ cm}
\end{aligned}
$$

Berechnung mit dem **Dreisatz**:

$$
\begin{aligned}
\cdot 42 \quad 1\text{ Zoll} &\triangleq 2{,}54\text{ cm} \quad \cdot 42\\
42\text{ Zoll} &\triangleq 106{,}68\text{ cm}
\end{aligned}
$$

Der 42 Zoll Fernseher passt nicht in Katjas Regal, denn das Regal hat eine Diagonale von 102,956 cm.

Aufgabe P16

Das Volumen der Schüssel ist mit der Volumenformel einer Halbkugel zu berechnen.

$V_{Kugel} = \frac{4}{3} \cdot \pi \cdot r^3$

Annahmen:

$d = 25\ cm$

$r = \frac{d}{2}$

$r = \frac{25\ cm}{2}$

$r = 12{,}5\ cm$

$V_{Kugel} = \frac{4}{3} \cdot \pi \cdot (12{,}50\ cm)^3$

$V_{Kugel} \approx 8181{,}23\ cm^3 \quad | :2$

$V_{Halbkugel} \approx 4090{,}615\ cm^3$

Bei der Umrechnung wird das Komma um 3 Stellen nach links verschoben.

$V = 4090{,}615\ cm^3$

$V = 4{,}09\ dm^3 \approx 4$ Liter

$1\ dm^3 = 1000\ cm^3$
$1\ dm^3 = 1\ l$

Wahlaufgaben

Aufgabe W1

a) Punktbestimmung durch Ablesen:
B (5 I 3)

b) Berechnung des Flächeninhalts des Quadrats mithilfe des Flächeninhalts des Dreiecks:

$A_{Dreieck} = \frac{g \cdot h}{2}$

Ablesen von g und h:
$g = 4$ cm
$h = 2$ cm

$A_{Dreieck} = \frac{4\text{ cm} \cdot 2\text{ cm}}{2}$

$A_{Dreieck} = 4\text{ cm}^2$

$A_{Quadrat} = 2 \cdot A_{Dreieck}$
$= 2 \cdot 4\text{ cm}^2$
$= 8\text{ cm}^2$

c) Alle Winkel im Drachen ergeben 360°.
Der Winkel β beträgt 90°, da wir wissen, dass ABCD ein Quadrat ist.

$360° - \beta - \varepsilon = 2 \cdot \alpha'$ $\quad (\alpha' = \gamma')$
$360° - 90° - 37° = 233°$
$2 \cdot \alpha' = 233°$ $\quad$ I : 2

$\alpha' = 116{,}5°$

d) Die Seite $\overline{AC}$ bildet die Grundseite beider Dreiecke.
Die Höhe des Dreiecks ACE ist dreimal so lang wie die Höhe des Dreiecks ACD.

Aufgabe W2

a) Höchste Temperatur: Montag 7 °C
Niedrigste Temperatur: Mittwoch -4 °C

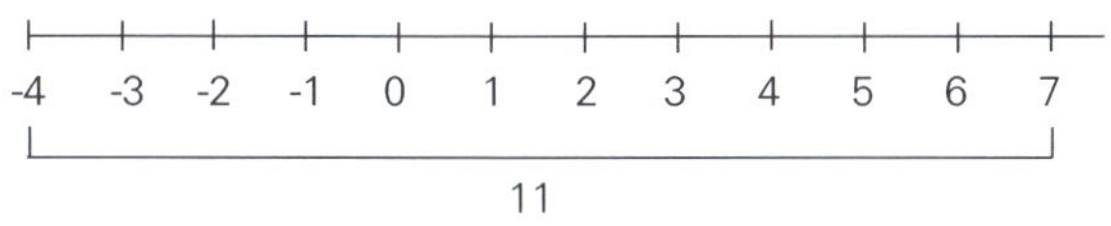

Der Temperaturunterschied ist 11 °C.

b) Der Durchschnitt ist die Summe aller Temperaturen geteilt durch die Anzahl an Tagen.

7 °C + 3 °C + (-4 °C) + 1 °C +3 °C + 6 °C + 5 °C = 21 °C
21 °C : 7 = 3 °C

Die durchschnittliche Außentemperatur beträgt 3 °C.

c) 1. 68 °F – 32 = 36

$36 \cdot \frac{5}{9} = 20$

68 °F entsprechen 20 °C.

2. B (Denn es muss rückwärts gerechnet werden.)

Aufgabe W3

a) $P(\clubsuit) = \frac{\text{Anzahl } \clubsuit}{\text{Anzahl aller Felder}} = \frac{2}{20}$

b) $P(\heartsuit \text{ oder } \diamondsuit) = \frac{\text{Anzahl } \heartsuit \text{ und } \diamondsuit}{\text{Anzahl aller Felder}} = \frac{14}{20}$

c) $P(\diamondsuit \text{ als Erstes, } \spadesuit \text{ als Zweites}) = \frac{6}{20} \cdot \frac{4}{19} = \frac{24}{380}$

$P(\diamondsuit \text{ als Erstes}) = \frac{\text{Anzahl } \diamondsuit}{\text{Anzahl aller Felder}} = \frac{6}{20}$

$P(\spadesuit \text{ als Zweites}) = \frac{\text{Anzahl } \spadesuit}{\text{Anzahl der verbliebenen Felder}} = \frac{4}{19}$

d) Berechnung mit dem **Dreisatz**:

· 5	20 Felder ≙ 8 Herzen ♥	· 5
: 2	100 Felder ≙ 40 Herzen ♥	: 2
	50 Felder ≙ 20 Herzen ♥	

Es müssen 20 Herzen gekennzeichnet werden.

Aufgabe W4

a) Berechnung mit dem **Dreisatz**:

: 100	100 % ≙ 214 kg	: 100
· 26,5	1 % ≙ 2,14 kg	· 26,5
	26,5 % ≙ 56,71 kg	

oder

Berechnung mit der **Formel**:

GW = 214 kg   p % = 26,5 %   PW = ?

$$PW = \frac{GW \cdot p\ \%}{100}$$

$$PW = \frac{214\ kg \cdot 26{,}5\ \%}{100}$$

PW = 56,71 kg

Im Jahr 1872 waren es 56,71 kg Gold.

b) 2,21 Millionen € = 2 210 000 €
entsprechen 2440 Unzen
2 210 000 : 2440 = 905,737 ≈ 906 €

Im Jahr 2018 hatte eine Unze einen Wert von 906 €.

c) 1 Unze = 31,1 g Gold
2440 Unzen · 31,1 g = 75 884 g

Umrechnen in Kilogramm:

75 884 g = 75,884 kg   1000 g =1 kg

Berechnung mit dem **Dreisatz**:

: 90	90 kg ≙ 100 %	: 90
· 75,884	1 kg ≙ 1,111 %	· 75,884
	75,884 kg ≙ 84,315 %	
	≈ 84 %	

oder

Berechnung mit der **Formel**:

GW = 90 kg   PW = 75,884 kg   p % = ?

$$p\ \% = \frac{PW \cdot 100}{GW}$$

$$p\ \% = \frac{75{,}884\ kg \cdot 100}{90\ kg}$$

p % = 84,3 % ≈ 84 %

Pflichtaufgaben – Teil 1

Aufgabe P1

a) $0{,}8 + 0{,}14 =$ **0,94**

NR:
```
  0,8
+ 0,14
------
  0,94
```

b) $9 - 7{,}6 =$ **1,4**

NR:
```
  9
- 7,6
  1
-----
  1,4
```

c) $25 \cdot 4 \cdot 13 =$ **1300**

NR:
```
25 · 4
    20
    80
------
   100
```

d) $12{,}6 : 3 =$ **4,2**

NR: Komma verschieben
```
126 : 3 = 42
12
--
 06
  6
 --
  0
```
Komma wieder setzen

$\Rightarrow 4{,}2$

e) $8^2 = 8 \cdot 8 =$ **64**

Aufgabe P2

1 kg ≙ 1000 g
2,4 kg ≙ 2400 g

Rechnung:

```
2400 g   Mehl
 375 g   Zucker
 200 g   Hefe
 500 g   Butter
1
-------
3475 g
```

Alle Zutaten wiegen zusammen **3475** g.

Aufgabe P3

a) Anzahl der Schüler/-innen mit der Note 3 = 7
Gesamtzahl Schüler/-innen = 20 $\Big\}\ \frac{7}{20}$

Es haben $\boxed{\frac{7}{20}}$ der Schüler/-innen die Note 3 geschrieben.

b) Anzahl der Schüler/-innen mit Note 1 oder 2 = 6
Gesamtzahl Schüler/-innen = 20 $\Big\}\ \frac{6}{20}$

$\frac{6}{20} = \frac{30}{100} = \boxed{30\ \%}$

$\frac{1}{4} = \frac{25}{100} = 25\ \%$

Sara hat recht. Mehr als $\frac{1}{4}$ (25 %) der Schülerinnen und Schüler hat die Note 1 oder 2 geschrieben.

Aufgabe P4

a) Berechnung mit dem **Dreisatz**:

: 100	100 % ≙	80 €	: 100
	1 % ≙	0,80 €	
· 20	20 % ≙	16 €	· 20

80 € – 16 € = 64 €

oder

Berechnung mit der **Formel**:

$$PW = \frac{p\ \% \cdot GW}{100}$$

$$PW = \frac{20\ \% \cdot 80\ €}{100}$$

PW = 16 € 80 € – 16 € = $\boxed{64\ €}$

Der Motorradhelm kostet nach der Reduzierung 64 €.

Aufgabe P5

: 3 — 3 Erwachsene ≙ 36,00 € — : 3
1 Erwachsener ≙ 12,00 €

· 2 — 4 Kinder ≙ 32,00 € — · 2
8 Kinder ≙ 64,00 €

$$\begin{array}{r} 12{,}00\ € \\ +\ 64{,}00\ € \\ \hline 76{,}00\ € \end{array}$$

Für den Eintritt müssen sie insgesamt **76,00 €** bezahlen.

Aufgabe P6

a) Bestimmen durch Ablesen.

A (-2 I 4)

(x I y)

b)

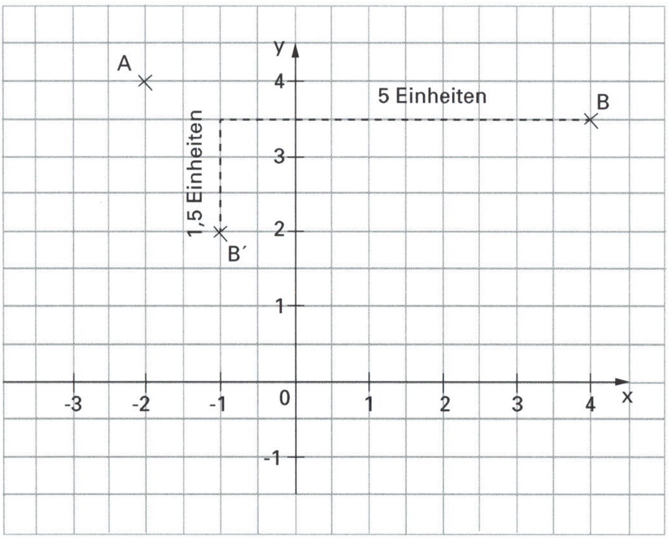

B´ (-1 I 2)

Aufgabe P7

Die graue Fläche wird in drei Rechtecke aufgeteilt.

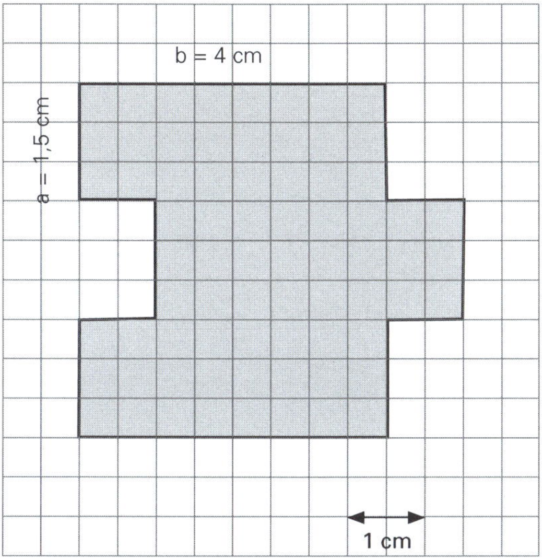

$A_{Rechteck} = a \cdot b$
$= 1{,}5\ cm \cdot 4\ cm$
$= 6\ cm^2$

$A_{graue\ Fläche} = 3 \cdot 6\ cm^2$
$= 18\ cm^2$

Alle drei Rechtecke sind gleich groß.

Der Flächeninhalt der grauen Figur beträgt 18 cm^2.

Aufgabe P8

a) 1 Schicht = 3 · 3 Würfel
= 9 Würfel

Insgesamt gibt es 4 Schichten.

4 · 9 = 36 Würfel

oder

Volumenformel Würfel:

$V_{Würfel} = a \cdot b \cdot c$
$= 3 \cdot 3 \cdot 4$
= 36 Würfel

b) Bestimmen durch Abzählen.

Es fehlen 15 Würfel.

Pflichtaufgaben – Teil 2

Aufgabe P9

Berechnung mit dem **Dreisatz**:

a)

: 18	18 Plastikflaschen	≙ 4,50 €	: 18
· 7	1 Plastikflasche	≙ 0,25 €	· 7
	7 Plastikflaschen	≙ 1,75 €	

Lena bekommt 1,75 € Pfand.

b)

: 3	18 Plastikflaschen	≙ 4,50 €	: 3
	6 Plastikflaschen	≙ 1,50 €	

2,54 € – 1,50 € = 1,04 €

$1{,}04\ € : 13\ \text{Glasflaschen} = 0{,}08\ \frac{€}{\text{Glasflasche}}$

Hannah bekommt 0,08 € Pfand für eine Glasflasche.

Aufgabe P10

a) 1. **Konstruktionsbeschreibung:**
1. Zeichne c mit 6 cm.
2. Halbiere die Seite c.
3. Zeichne die Höhe h_c mit 6,5 cm senkrecht auf c.
4. Verbinde den Punkt C mit B.
5. Verbinde den Punkt C mit A.
6. Beschrifte die Konstruktion.

2. $A_{Dreieck} = \frac{g \cdot h}{2}$ $g = c,\ h = h_c$

$A_{Dreieck} = \frac{6\ \text{cm} \cdot 6{,}5\ \text{cm}}{2}$

$A_{Dreieck} = 19{,}5\ \text{cm}^2$

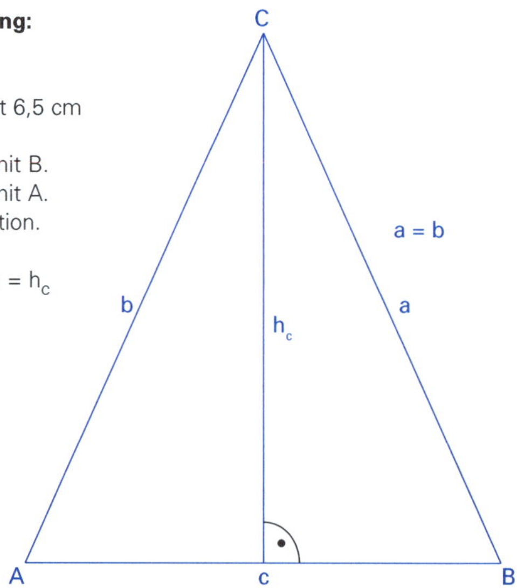

b) Alle Winkel in einem Dreieck betragen zusammen 180°.
$180° - 100 = 80°$
Da es sich um ein gleichschenkliges Dreieck handelt, gilt: $\alpha = \beta$
$80° : 2 = 40°$

Chris hat demnach nicht recht.

Aufgabe P11

a) Berechnung mit dem **Dreisatz**:

$$\begin{array}{l|rcl|l} & 800\text{ g} & \triangleq & 100\ \% & \\ :8 & 100\text{ g} & \triangleq & 12{,}5\ \% & :8 \\ \cdot 3 & 300\text{ g} & \triangleq & 37{,}5\ \% & \cdot 3 \end{array}$$

oder

Berechnung mit der **Formel**:

$$p\ \% = \frac{PW \cdot 100}{GW}$$

$$p\ \% = \frac{300\text{ g} \cdot 100}{800\text{ g}}$$

$$p\ \% = 37{,}5\ \%$$

Es sind 37,5 % Kohlenhydrate.

b) Berechnung mit dem **Dreisatz**:

$$\begin{array}{l|rcl|l} & 125\text{ g} & \triangleq & 100\ \% & \\ :100 & 1{,}25\text{ g} & \triangleq & 1\ \% & :100 \\ \cdot 28 & 35\text{ g} & \triangleq & 28\ \% & \cdot 28 \end{array}$$

oder

Berechnung mit der **Formel:**

$$PW = \frac{GW \cdot p\ \%}{100}$$

$$PW = \frac{125\text{ g} \cdot 28\ \%}{100}$$

$$PW = 35\text{ g}$$

Es sind 35 g Eiweiß.

Aufgabe P12

a) 1 $P(\text{Augenzahl 2}) = \frac{\text{Anzahl 2}}{\text{Anzahl aller Zahlen}}$

$P(\text{Augenzahl 2}) = \frac{2}{6} = \frac{1}{3}$

$P(\text{Augenzahl 2}) = 0{,}333\ldots$

$P(\text{Augenzahl 2}) \approx 33{,}3\ \%$

2. $P(\text{Augenzahl kleiner als 3}) = \frac{\text{Anzahl der Zahlen kleiner als 3}}{\text{Anzahl aller Zahlen}}$

$P(\text{Augenzahl kleiner als 3}) = \frac{5}{6}$

$P(\text{Augenzahl kleiner als 3}) = 0{,}833\ldots$

$P(\text{Augenzahl kleiner als 3}) \approx 83{,}3\ \%$

b) $P(\text{Augenzahl 1}) = \frac{\text{Anzahl 1}}{\text{Anzahl aller Zahlen}} = \frac{3}{6}$

$P(\text{Augenzahl 1, Augenzahl 1}) = \frac{3}{6} \cdot \frac{3}{6} = \frac{9}{36}$

$P(\text{Augenzahl 1, Augenzahl 1}) = \frac{1}{4} = 0{,}25 = 25\ \%$

Aufgabe P13

a = 42 cm
b = 10 cm
c = 30 cm

$V_{Quader} = a \cdot b \cdot c$

$V_{Quader} = 42\text{ cm} \cdot 10\text{ cm} \cdot 30\text{ cm}$

$V_{Quader} = 12\,600\text{ cm}^3$

$1\text{ l} = 1000\text{ cm}^3$

$12\,600\text{ cm}^3 = 12{,}6\text{ l}$

$\cdot 12{,}6$ ($1\text{ l} \mathrel{\hat{=}} 0{,}4\text{ Cent}$) $\cdot 12{,}6$

$12{,}6\text{ l} \mathrel{\hat{=}} 5{,}04\text{ Cent}$

$5{,}04\text{ Cent} \approx$ **5 Cent**

Ein Spülvorgang kostet etwa 5 Cent.

Aufgabe P14

$12x - 4 + 5x = 51 + 6x$	| zusammenfassen
$17x - 4 = 51 + 6x$	| + 4
$17x = 55 + 6x$	| – 6x
$11x = 55$	| : 11
$x = 5$	

Aufgabe P15

a)

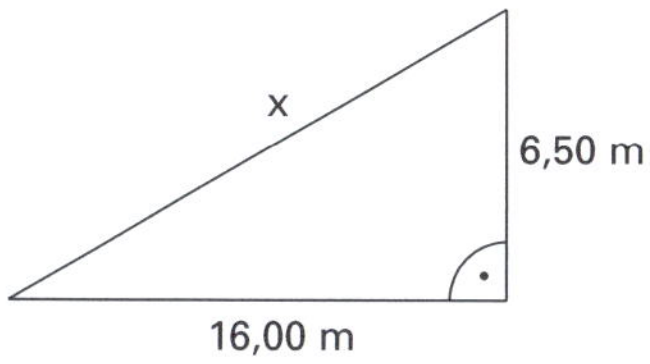

Berechnung von x mit dem **Satz des Pythagoras**:

$x^2 = (16{,}00\ m)^2 + (6{,}50\ m)^2$
$x^2 = 256\ m^2 + 42{,}25\ m^2$
$x^2 = 298{,}25\ m^2 \quad | \sqrt{\ }$
$x^2 = \sqrt{298{,}25\ m^2}$
$x = 17{,}269...\ m$
$x \approx 17{,}27\ m$

b) Berechnung der Dachfläche mithilfe der Flächeninhaltsformel eines Rechtecks:

$A_{Dachfläche} = a \cdot b$
$A_{Dachfläche} = 17{,}27\ m \cdot 12\ m$
$A_{Dachfläche} = 207{,}24\ m^2$

Aufgabe P16

Modellierung des Koffers als Quader
Annahmen:
Kofferhöhe a = 80 cm
Kofferbreite b = 50 cm
Koffertiefe c = 40 cm

Anwendung der Volumenformel:

$V_{Quader} = a \cdot b \cdot c$
$V_{Quader} = 80\ cm \cdot 50\ cm \cdot 40\ cm$
$V_{Quader} = 160\ 000\ cm^3$

1 l = 1000 cm^3

160 000 cm^3 = **160 l**

Wahlaufgaben

Aufgabe W1

a) 1.

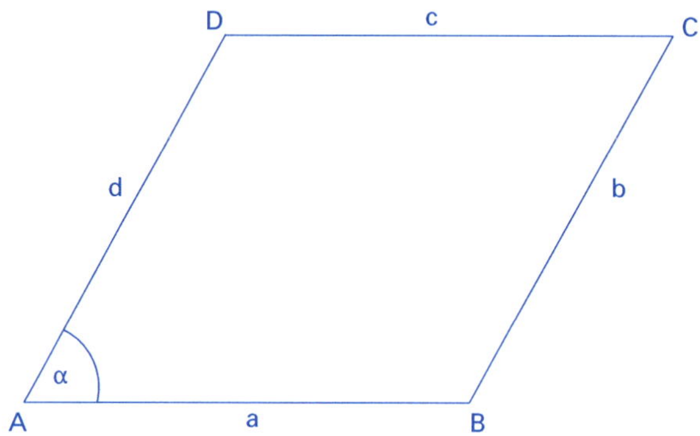

Konstruktionsbeschreibung:
1. Zeichne a mit 5 cm.
2. Trage den Winkel α mit 60° am Punkt A ab.
3. Zeichne d mit 4 cm.
4. Zeichne die Parallele c zu a.
5. Zeichne die Parallele b zu d.
6. Vervollständige die Zeichnung zu einem Parallelogramm und beschrifte die Eckpunkte ABCD.

2. $u_{Parallelogramm} = 2 \cdot a + 2 \cdot b$

$u_{Parallelogramm} = 2 \cdot 5\text{ cm} + 2 \cdot 4\text{ cm}$

$u_{Parallelogramm} = 18\text{ cm}$

b) Das Dreieck BEC ist ein gleichseitiges Dreieck, weil alle Winkel 60° groß sind.
Dadurch ist die Seite x genauso lang wie die Seite b.
Gegenüberliegende Seiten sind in einem Parallelogramm gleich lang.
Also gilt: d = b
Somit gilt auch: d = x

Aufgabe W2

$r = 8\ \text{cm}$

a) $O_{Kugel} = 4 \cdot \pi \cdot r^2$

$O_{Kugel} = 4\ \pi \cdot (8\ \text{cm})^2$

$O_{Kugel} = 804{,}247\ldots\ \text{cm}^2$

$O_{Kugel} \approx 804\ \text{cm}^2$

b) $2 \cdot r = d$

$d_{Kugel} = 16\ \text{cm}$

Da die Kantenlänge des Würfels 15 cm beträgt, wäre die Kugel mit einem Durchmesser von 16 cm zu groß.

c) 1. $V_{Kugel} = \frac{4}{3} \cdot \pi \cdot r^3$

$V_{Kugel} = \frac{4}{3} \cdot \pi \cdot (8\ \text{cm})^3$

$V_{Kugel} = 2144{,}660\ldots\ \text{cm}^3$

$V_{Kugel} \approx 2144{,}7\ \text{cm}^3$

2. $r = 16\ \text{cm}$

$V_{Kugel} = \frac{4}{3} \cdot \pi \cdot r^3$

$V_{Kugel} = \frac{4}{3} \cdot \pi \cdot (2 \cdot 8\ \text{cm})^3$

$V_{Kugel} = \frac{4}{3} \cdot \pi \cdot (16\ \text{cm})^3$

$V_{Kugel} = 17\,157{,}284\ldots\ \text{cm}^3$

$V_{Kugel} \approx 17\,157{,}3\ \text{cm}^3$

$17\,157{,}3\ \text{cm}^3 : 2144{,}7\ \text{cm}^3 = 7{,}99 \approx 8$

Katharinas Behauptung stimmt.

Aufgabe W3

a) 1. $P(\text{Löffel}) = \frac{\text{Anzahl der Löffel}}{\text{Gesamtzahl Besteck}} = \frac{3}{12} = \frac{1}{4} = 0{,}25 = 25\ \%$

2. $P(\text{keine Gabel}) = \frac{\text{Anzahl keine Gabel}}{\text{Gesamtzahl Besteck}} = \frac{8}{12} = \frac{2}{3} = 0{,}666 \approx 66{,}66\ \%$

b) $P(1\ \text{Messer}) = \frac{\text{Anzahl der Messer}}{\text{Gesamtzahl Besteck}} = \frac{5}{12}$

$P(2\ \text{Gabeln}) = \frac{\text{Anzahl Gabel}}{\text{Gesamt Besteck}} = \frac{4}{11}$

$P(1\ \text{Messer} / 2\ \text{Gabeln}) = \frac{5}{12} \cdot \frac{4}{11} = \frac{20}{132}$

c) 3 Löffel + 4 Gabeln = 7

Man muss also 8 Besteckteile ziehen, damit mit Sicherheit ein Messer dabei ist.

d) P(Gabel) = 30 %
Bei den ersten beiden Zügen muss eine Gabel gezogen worden sein, denn $\frac{3}{10} = 30\ \%$.

Mögliche Kombinationen wären:

Gabel – Messer	Messer – Gabel
Gabel – Löffel	Löffel – Gabel

Aufgabe W4

a) Bestimmen durch Ablesen:

Die Grabenhäuslhütte liegt bei 900 m.

b) Ein gerader Streckenabschnitt liegt bei D.

c) 1. Korrektes Ablesen

Grabenhäuslhütte:	5 km
Urschlau	20 km

Die Länge der Wegstrecke beträgt 15 km.

2. Berechnung mit dem **Dreisatz**:

$$\begin{array}{rrcrl} & 35\text{ km} & \triangleq & 100\ \% & \\ :35 & 1\text{ km} & \triangleq & 2{,}857\ldots\ \% & :35 \\ \cdot 15 & 15\text{ km} & \triangleq & 42{,}857\ldots\ \% & \cdot 15 \\ & & & \approx 43\ \% & \end{array}$$

oder

Berechnung mit der **Formel**:

$$p\ \% = \frac{PW \cdot 100}{GW}$$

$$p\ \% = \frac{15\text{ km} \cdot 100}{35\text{ km}}$$

$$p\ \% = 42{,}857\ldots\ \%$$
$$p\ \% \approx 43\ \%$$

d) Die Höhendifferenz beträgt:

$1100\text{ m} - 600\text{ m} = 500\text{ m}$

$500\text{ m} : 25\ \frac{\text{m}}{\text{min}} = 20\text{ min}$

Tobi hat 20 Minuten für den Höhenunterschied gebraucht.

Ergebnisse auf einen Blick

Hier findest du schnell die richtigen Lösungen für die von dir bearbeiteten Aufgaben. Es sind nur die Endergebnisse ohne Lösungswege angegeben. Die ausführlichen Lösungswege sind auf den vorangegangenen Seiten dargestellt.

Lösungen 2017

Pflichtaufgaben – Teil 1 – Seite 87

P1 a) 67 min b) 0,25 l c) 2,15 km d) 0,41 € e) 1,6 t
P2 18 Grad
P3 1,80 €
P4 a) 10 % b) 12 Kästchen, siehe ausf. Lösung
P5 1200 €
P6 a) $\frac{1}{20}$ b) $\frac{6}{20}$
P7 32 cm^2
P8 a) 2,5 cm b) siehe ausf. Lösung
P9 Netz Nr. 3

Pflichtaufgaben – Teil 2 – Seite 90

P10 a) 54,6 km b) 3,5 h
P11 siehe ausf. Lösung
P12 a) 102 € b) siehe ausf. Lösung
P13 13,86 m^3
P14 a) $x = 4$ b) $13y + 20$
P15 a) 5 % b) 20 000 c) siehe ausf. Lösung
P16 3 m
P17 ca. 6 m

Wahlaufgaben – Seite 94

W1 a) C (5 I 3,5) b) 6 cm^2 c) siehe ausf. Lösung
W2 a) 160 Minuten b) 56 Tage c) 45 %
W3 a) 20 % b) 1. $\frac{5}{15}$ oder $\frac{1}{3}$ 2. $\frac{21}{210}$ oder $\frac{1}{10}$ c) 28
W4 a) 143 kg b) 6 % c) 451 140 t d) 222 kg e) siehe ausf. Lösung

Lösungen 2018

Pflichtaufgaben – Teil 1 – Seite 97

P1 a) 61,6 b) 48 c) 261,5 d) 4,2
P2 15 Minuten
P3 8 Waffeln
P4 a) $\frac{4}{9}$ b) 2
P5 a) $\frac{2}{10}$ oder $\frac{1}{5}$ b) $\frac{3}{10}$ c) 8
P6 a) 65 km b) 10 min
c) siehe ausf. Lösung
P7 siehe ausf. Lösung
P8 a) 31° b) 7,5 cm^2 c) P (0 I 1,5)
siehe ausf. Lösung
P9 12

Pflichtaufgaben – Teil 2 – Seite 99

P10 a) 600 € b) 110 m^2
P11 a) siehe ausf. Lösung
b) siehe ausf. Lösung
P12 a) 1725,50 € b) siehe ausf. Lösung
P13 5 Liter
P14 a) x = 2 b) 3x + 18 = 4x
P15 a) 170 € b) siehe ausf. Lösung
c) 164 €
P16 28 cm
P17 a) siehe ausf. Lösung
b) siehe ausf. Lösung

Wahlaufgaben – Seite 104

W1 a) siehe ausf. Lösung b) $\beta = 135°$
c) 6 cm^2
d) 1. siehe ausf. Lösung
2. siehe ausf. Lösung
W2 a) 668 000 b) 2 % c) 115 840
d) siehe ausf. Lösung
W3 a) 1. $\frac{5}{15}$ oder $\frac{1}{3}$ 2. $\frac{9}{15}$ oder $\frac{3}{5}$
3. Lavendelseife
b) $\frac{12}{210}$ oder $\frac{2}{35}$ c) 12
W4 a) 8,5 m^2 b) 6,25 m c) 528,60 €
d) 1550 €

Lösungen 2019

Pflichtaufgaben – Teil 1 – Seite 108

P1 a) 0,64 b) 4,7 c) $\frac{2}{15}$ d) 7,2
P2 a) 270 km
b) 3 Stunden und 40 Minuten
P3 44,50 €
P4 $\alpha = 75°$ $\beta = 105°$
P5 Breite b in cm: 5, Länge a in cm: 8
P6 a) 6 Kästchen b) 35 cm^2
P7 Spiel A
P8 13 cm^2
P9 a) 10 Ecken b) 15 Kanten

Pflichtaufgaben – Teil 2 – Seite 112

P10 a) 506,00 € b) 42 Stunden
P11 a) siehe ausf. Lösung
b) siehe ausf. Lösung
P12 13 cm^2
P13 a) 4 Jahre b) 6090 € c) 34 500 €
P14 38 kg
P15 a) x = 3 b) x = 8 cm
P16 x = 2,22 m
P17 48 Liter

Wahlaufgaben – Seite 116

W1 a) A (-3 I -2) b) Punkt D oder G
c) A = 17,5 cm^2
d) A = 7,5 cm^2
W2 a) 43 200 km b) 16
c) 100 s d) D
W3 a) $\frac{1}{8}$ b) $\frac{1}{56}$
c) siehe ausf. Lösung
d) siehe ausf. Lösung
W4 a) 1. 24 cm 2. x + 2y + 2z
b) A = 36 cm^2
c) siehe ausf. Lösung

Lösungen 2020

Pflichtaufgaben – Teil 1 – Seite 119

P1 a) 10,1 b) -2,5 c) 1,3 d) 2,92 e) $\frac{3}{5}$
P2 0,6 Liter
P3 a) $\frac{9}{20}$ b) 25 %
P4 a) 165 Minuten b) 18 cm
P5 a) 469 cm b) 9 Uhr c) 6 Stunden
P6 a = 4 cm A = 6 cm^2
P7 a) $\alpha = 160°$ $\beta = 200°$
b) siehe ausf. Lösung
P8 10 Flächen

Pflichtaufgaben – Teil 2 – Seite 122

P9 a) 6,08 € b) 45 Liter
P10 siehe ausf. Lösung
P11 a) 70 % b) 77 Befragte
P12 150 m^2
P13 Malachit
P14 a) x = 3
b) x = -4 ist Lösung der Gleichung
P15 d = 102,956 cm
P16 V = 4090,615 cm^3
4 Liter (abweichende Lösung mögl.)

Wahlaufgaben – Seite 127

W1 a) B (5 I 3) b) A = 8 cm^2
c) $\alpha' = 116{,}5°$
d) siehe ausf. Lösung
W2 a) 11 °C b) 3 °C c) 1. 20 °C 2. B
W3 a) $\frac{2}{20}$ b) $\frac{14}{20}$ c) $\frac{24}{380}$ d) 20 Felder
W4 a) 56,71 kg b) 906 € c) 84 %

Lösungen 2021

Pflichtaufgaben – Teil 1 – Seite 130

P1 a) 0,94 b) 1,4 c) 1300 d) 4,2 e) 64
P2 3475 g
P3 a) $\frac{7}{20}$ b) Sara hat recht.
P4 64 €
P5 76,00 €
P6 a) A (-2 I 4) b) B′ (-1 I 2)
P7 18 cm^2
P8 a) 36 Würfel b) 15 Würfel

Pflichtaufgaben – Teil 2 – Seite 134

P9 a) 1,75 € b) 0,08 €
P10 a) 1. siehe ausf. Lösung 2. 19,5 cm^2
b) siehe ausf. Lösung
P11 a) 37,5 % b) 35 g
P12 a) 1. $\frac{2}{6} = \frac{1}{3}$ 2. $\frac{5}{6}$ b) $\frac{9}{36} = \frac{1}{4}$
P13 5 Cent
P14 x = 5
P15 a) 17,27 m b) 207,24 m^2
P16 V = 160 000 cm^3
160 l (abweichende Lösung)

Wahlaufgaben – Seite 138

W1 a) 1. siehe ausf. Lösung 2. u = 18 cm
b) siehe ausf. Lösung
W2 a) O = 804 cm^2 b) Kugel zu groß
c) 1. $V_{Kugel} = 2144{,}7\ cm^3$
2. $V_{Kugel} = \frac{17\,157{,}3\ cm^3}{2144{,}7\ cm^3} \approx 8$
W3 a) 1. $P = \frac{3}{12} = \frac{1}{4}$ 2. $\frac{8}{12} = \frac{2}{3}$
b) $P = \frac{20}{132}$ c) 8
d) siehe ausf. Lösung
W4 a) 900 m b) D c) 1. 15 km 2. 43 %
d) 20 min

Notizen

Notizen

A. Listening Comprehension

1. Announcement

a) wrong b) right c) wrong d) wrong e) right

2. Dialogues 1 – 3

1. Thursday, 8.30 2. under the small window 3. California

3. Conversation

a) ☑ birthday present. b) ☑ CD. c) ☑ hip hop. d) ☑ various artists.
e) ☑ more than £15. f) ☑ two CDs.

B. Reading Comprehension

Text 1

Tick the right statement.

1. B **2.** C **3.** A **4.** B

Text 2

1. Tick the correct statement.

☑ … a nuclear reactor accident.

2. Fill in the fact sheets.

Chernobyl	
year of the catastrophe	1986
percentage of fallout in Belarus	70%
number of affected people in Belarus	2,5 million

Pripyat	
population of Pripyat	49,360
located where	south-east of Belarus / northern Ukraine
duration of evacuation	36 hours

In the aftermath	
thousands of people who were then children	were diagnosed with cancer
will stay contaminated for decades	milk, mushrooms and berries
were evacuated in 2011	80,000 residents near Fukushima

Text 3

1. Tick right or wrong.

a) wrong b) wrong c) right d) right e) wrong f) right

2. Complete the sentences.

a) 154 steps b) head c) weighs d) gold

Text 4

1. Mark the correct statements.

a) ☒ Namibia
b) ☒ You can come with a 2-wheel-drive vehicle to visit the park.
c) ☒ You will be lodged in camps during your visit.
d) ☒ The waterholes are floodlighted at night.

2. Answer the questions.

a) In the dry season between June and November.
b) Because you can observe the animals even during the night.
c) Lions are not seen very often.

3. Find the expression.

a) offers an unbelievable variety of animals
b) you will be fascinated and enchanted

Text 5

Find the right job.

1. G **2.** H **3.** B **4.** D **5.** E

C. Use of Language

1. Mediation

1. Say it in German.

a) Ein dänischer Architekt.
b) Im Juni 2007 wurde die Oper in die Liste des „Weltkulturerbes" aufgenommen.
c) Nein, um das Foyer der Konzerthalle und des Theaters sowie alle Aufführungsräume zu betreten, braucht ihr ein gültiges Ticket.
d) Ja, aber nicht in den Aufführungen.
e) Nein, an sich gibt es keine Kleiderordnung für die Oper. Sollte dies doch einmal der Fall sein, bekommt man diese Information, wenn die Tickets gekauft werden.
f) Essen und Getränke dürfen nur außerhalb der Vorführungsräume verzehrt werden.

2. Say it in English.

Situation 1:

- Yes, have you got this T-shirt in other colours as well?
- Large, please.
- And in black (white)?

Situation 2:

- Good afternoon, I'd like to pay this T-shirt, please.
- Cash, please. Here is twenty.
- Thank you. Good bye.

3. Say it in German.

a) Die Schule gibt es seit 1994.
b) Die Schule ist ein Familienunternehmen.
c) Es gibt viele verschiedene Möglichkeiten der Unterbringung. Für mehr Informationen soll man sich direkt mit den Anbietern in Verbindung setzen.
d) Ja, die Unterbringung ist nicht im Kurspreis enthalten.
e) Es gibt zwei Kurse. Der Mini-Camp-Kurs ist für beide Altersgruppen geeignet, mit fünfmal jeweils zwei Stunden, morgens oder nachmittags. Der Full-Day-Camp-Kurs ist für über Zwölfjährige und besteht aus zwei Einheiten pro Tag von Montag bis Freitag.
f) Der Mini-Camp-Kurs kostet £140 pro Person, inklusive Ausrüstung, Surftest und Zertifikat für jeden Teilnehmer.
Der Full-Day-Camp-Kurs kostet £220, beinhaltet das Gleiche wie der Mini-Camp-Kurs, aber man bekommt £5 Rabatt auf Sweatshirts und Neoprenanzüge.

4. Say it in English.

Situation 1:

- School is OK and the teachers are all very friendly.
- My schoolmates are all very nice, too.
- No, not too much homework. Just a bit of Maths and History.
- I will go to the cinema with some friends.

Situation 2:

- Good afternoon, I'd like to have a ticket for the James Bond movie.
- Yes, a medium popcorn and one bottle of still water, please.

5. Say it in German.

a) Sie brauchen Ihren Führerschein und Ihren Ausweis oder Reisepass.
b) Es werden zum Beispiel Familienwagen, Autos mit Allradantrieb oder Sportwagen angeboten.
c) Ja, die Mindestmietdauer beträgt drei Tage.
d) Bei einer Mietwagenzentrale, welche meist am Flughafen oder dort in der Nähe ist. Für einen Aufpreis können Sie es auch direkt an Ihrem Hotel abholen.
e) Ja, das ist möglich. Sie sollten allerdings bei der Reservierung fragen, wie viel die einfache Strecke kostet.

6. Say it in English.

Situation 1:

- Hi Tina, this is Carolin. I was at the gym earlier and forgot my sports bag. Did someone find it?
- It's black, with white stripes and has a red zipper.
- OK, I'll be by in about 1 hour.

Situation 2:

- Hello, can I please speak to Tina?
- Hi Tina, I'm Carolin, I called earlier because I forgot my sports bag here.
- Yes, it is. I'm so happy that you've found it.
- Of course, I understand. There is a white T-shirt, black sports shorts and red trainers inside.
- Thank you very much. Have a good day.

2. Words and structures

1. Fill in the gaps.

a) Australian b) am working c) came d) volunteer
e) at f) beautiful g) best h) lives
i) ours j) electricity

2. Fill in the gaps.

a) tell b) who c) While d) call
e) certain f) shows g) Even h) appeared

3. Fill in the gaps.

a) correctly b) crashed c) known d) driving
e) high f) driving g) extremely h) deeply
i) hardly

4. Fill in the gaps.

a) distant b) most c) direct d) usually
e) lonely f) frequently g) exciting

5. Fill in the gaps.

a) were b) race c) decided d) different
e) religious f) about g) at h) completely
i) much

6. Fill in the gaps.

a) became b) during c) son d) of
e) Mary's f) None g) themselves h) came

D. Text Production

1. Answer an e-mail.

Hello, Olivia,

Thanks very much for your e-mail. Sure, I know the musical "Mamma Mia", but I haven't seen it yet. I've been to "Starlight Express" and "Cats" and I must say that I enjoyed both very much.
It would be so great to see you this year. The best time would be during my summer-holidays. We could go to Lake Constance for sun-bathing and swimming and there are many other interesting places to discover around here. Since the temperature this year is expected to become quite high, you should bring along lots of T-shirts and skirts and of course bathing clothes. I'm really looking forward to seeing you again.

Take care
Natalie

2. Write a letter of application.

Dear Sirs

I read your advert about the summer job at Kruger National Park. I'm very interested in wild animals and would like to get to know them better. I'm used to hard work and it was always my biggest dream to get a job outdoors and be so close to all those great creatures. I also like to work with people so it won't be a problem for me to talk to a big group. What will be my field of duty and where will I live during my stay?
I hope to hear from you soon.

Yours sincerely
Katharina Schmitt

3. Write an e-mail.

Subject: Your lost purse

Dear Tracy

My name is Daniel and I'm from Germany. I'm spending my holidays here. I want to inform you that I found a purse on the way to my hotel. I opened it and found your name and your e-mail address in it. I hope you understand that I must be sure it's yours. So please, answer some questions. Where might you have lost it? Tell me what it is made of, what colour it has and how much money was in it. If it's really yours we could meet here in my hotel or somewhere downtown.

Yours sincerely
Daniel Brandner

4. Write an article.

School Uniforms

I think that every teenager likes trendy clothes. It's fun to be dressed in bright colours following the latest fashion. But among students tensions may arise, because not everyone can afford these clothes. So a special school wear can solve this problem, and when the school uniform doesn't resemble a prison uniform but is practical and attractive, I would accept it at once.
The majority of my friends feel the same and when the discussion about school uniforms started, the girls in my class made some pictures showing what their ideal uniform should look like.
With our own school wear, rivalry and tensions in the school could be avoided. And outside school we could make a good impression and improve the image of our school. The perfect school uniform for boys and girls should consist of trousers/skirt, jacket, shirt and tie.

5. Write an e-mail.

To: orders@bluesberry.com
From: tarek5000000000@hotmail.com
Subject: Ebay-item 270-345-668-230

Dear Sirs

When I opened the packet containing the CD, item number 270-345-668-230 I bought from you on 18th May, I discovered that the CD is an illegal copy. That was really a shock for me as I don't want to do anything illegal. I will send the CD back to you to solve the problem. Please transfer the money to my bank account in return for it.

Yours
Tarek

6. Write a letter.

Dear Mr McGowen

I've read your advert and would like to know some more details. For example how many beds are there at the hostel and what would be the working hours per day? Would I have to work in the office, the kitchen or do some cleaning? And what can I expect in terms of payment? Another thing that I'd like to know is whether you provide vegetarian food and if the staff is supposed to share bedrooms, if so with how many? I'll turn 16 on 15th July so I could start within this month.
I am looking forward to hearing from you.

Yours
Adrian

A. Listening Comprehension

Part 1

Text 1: At a hotel

☑ … 7:00, 7:45 or 8:30.
☑ … go down the stairs and then turn left.

Text 2: At the reception desk

☑ … a minibar, a bathroom and a safe box.
☑ … in the restaurant.
☑ … Monday, Wednesday and Friday.

Text 3: On the ferry

☑ … Deck 7 at the back of the boat.
☑ … wines, perfumes and chocolate.

Text 4: In a restaurant

☑ … the all-day English breakfast.
☑ … coffee.
☑ … £ 23.20.

Part 2: The weekend

1. mended his car.
2. horror movie.
3. three hours.
4. a thrilling game.
5. 9 pm.
6. special socks.
7. yellow.
8. an art show.

Part 3: Radio interview

Liza's hobby	**surfing**
why she likes it	**it's a cool sport / exciting**
when she does her hobby	**every Saturday**
who with	**her boyfriend**
age when she started	**12**
cost of a lesson	**$ 80**
Liza's job	**DJ**

B. Reading Comprehension

1. A year in space

a) **Match the correct headings.**

part of the text	1	2	3	4	5	6
heading	E	C	G	D	A	F

b) **Answer the questions.**

- History was made. / A Russian spacecraft landed in Kazakhstan.
- 5,440 times
- he wore a gorilla suit / chased Timothy Peake / played ping-pong with water drops / did 360° flips
- spending time with family / swimming / fresh food
- grew thin / suffered muscle loss / problems with blood circulation
- to compare differences in health

2. Things to do in your school holidays

a) **Find the correct meaning.**

☑ turn – umwandeln
☑ still – noch immer

- change – Veränderung/Wechsel
- cases – Hüllen/Etuis
- off – frei/weg
- takes – braucht/erfordert
- memory – Speicher

b) **Fill in the correct tip numbers.**

Which tip tells you to	invite your friends for films?	**2**
	complete a project?	**4**
	clean and organize?	**6**
	visit a place nearby?	**3**
	try something like a paperback bestseller?	**7**
	be creative in the kitchen?	**1**

C. Use of Language

1. Mediation

a) **Say it in German.**

- Man isst im Dunkeln. / Man wird von Blinden bedient. / Eine Mischung aus Show und Essen im Dunkeln.
- 15 Minuten vorher bekommt man alles erklärt.
- Es gibt ein vegetarisches/grünes Menü.
- Du rufst die Bedienung beim Namen.
- Du sagst es der Bedienung und die begleiten dich dann ans Tageslicht.
- Man muss unbedingt reservieren.
- Ihr könnt ab 18.30 Uhr dort essen.
- Taschen/Mäntel/Handys/Feuerzeuge/alles, was Licht macht
- Es ist in der 29-30 Kane Street, in der Nähe der neuen Farringdon Station.

b) **Say it in English.**

Situation 1:

1. Is this the right way to the Roman Baths?
2. Thank you very much. Are the Baths already open?

Situation 2:

1. I would like to buy three tickets, please.
2. Is there a discount for teenagers?
3. Could I have a brochure, please?

2. Words and structures

Fill in the gaps.

was – its – to – always – largest – than – every – first – will – give

D. Text Production

1. My favourite activity

My favourite activity is walking our dog Freddy. When I come home from school, I usually go to the nearby park with him. Sometimes my younger brother joins me, but most of the time I am alone with Freddy.
In the park, Freddy chases birds or mice. Moreover, I often throw a stick that he runs after, picks up and then brings back to me.
I like walking Freddy for three reasons. First, I feel so free when I am outside with him after the stress at school. Second, I like the way Freddy enjoys being out in nature. Last but not least, Freddy is just one of my best friends.

2. Write a text about the picture.

An elderly lady wearing a coat, a white skirt and slippers is standing on a skateboard. She is holding a white umbrella in her right hand and has an excited look on her face. Next to her, an elderly man is holding her left hand, probably to prevent the lady from falling off the skateboard. He is wearing a T-shirt, army trousers and slippers. They seem to be on some country road next to bushes and trees.
Several things may happen next. For example, the lady may fall off the board. Second, she might try to continue skating without the man's help. Last, the old man may try his luck on the board, too.

A. Listening Comprehension

Part 1: Message on an answering machine

Monday
speakers.
pink lipstick.

Part 2: Conversation at the youth hostel

Text 1: At the reception desk

1. ☑ … 4
2. ☑ … rafting tour.
3. ☑ … 10 am to 8 pm.
4. ☑ … pasta with mushroom sauce.

Text 2: Planning the stay

1. ☑ … swimming.
2. ☑ … shampoo, shower gel and toothpaste
3. ☑ … Ben and Toby.
4. ☑ … tomorrow afternoon.

Part 3: Survey

John	Lucy	Maddy	Tom	Olivia	Kate	Stefanie
F	A	E	G	H	B	D

Part 4: Phone call

job: hairdresser
name: Imogen Shaw
address: 7 Bishop Street
phone number: 07493 443890
date of birth: 9th September 2001
can start from: 25th June

B. Reading Comprehension

1. The Great British Bake Off

a) **Match the correct headings.**

part of the text	1	2	3	4	5	6
heading	C	E	A	B	G	F

b) **Answer the questions.**

- TV baking competition / TV baking show
- one hour
- PE teacher
- (in the) pubs (her parents run) / in London.
- - writing her own cook book / - opening her own tea shop / - being the star in her own TV show
- interest in baking has grown / - sales of baking ingredients have increased / - more than 20 international versions of the show / - become part of British culture

2. Seven tips for Las Vegas

a) **Find the correct meaning.**

☑ objects – Gegenstände
☑ past – vorbei an
☑ steel – Stahl

- rows – Reihen
- drive – Fahrt / Fahrtzeit
- year-round – das ganze Jahr über / ganzjährig
- stretch – Strecke/Abschnitt

b) **Fill in the correct tip number.**

Where can you see	a good place for a science-fiction movie?	**3**
	cool stores?	**6**
	a masterpiece of engineering?	**4**
	objects from Las Vegas' past?	**1**
	things from the bottom of the sea?	**7**
	animals in nature?	**5**

C. Use of Language

1. Mediation

a) **Say it in German.**

- Man bekommt eine Sicherheitsunterweisung.
- Das Sicherheitspersonal läuft / patrouilliert durch den Wald und kann helfen. / Man kann andere überholen lassen.
- Tree Top Fun
- Es gibt kein Zeitlimit, man lässt andere einfach vorbei.
- - Kleidung sollte schmutzig werden dürfen / - Regenmantel mitbringen / - nichts Bauchfreies tragen / - geeignete Schuhe mit griffiger Sohle / - keine Sandalen
- bei Sturm wird geschlossen
- Man muss ihn an der Kleidung befestigen.
- zu Hause lassen
- (auf der Internetseite) den Link anklicken

b) **Say it in English.**

Situation 1:

1. My suitcase hasn't arrived.
2. It is red and has a blue sticker on its side.

Situation 2:

1. Shall I come and get / pick up my suitcase?
2. When will it arrive / be here?
3. I am so happy you found it. Thank you very much.

2. Words and structures

Fill in the gaps.

be – much – what – than – of – their – mystery – get – watching – patients

D. Text Production

The best thing about your home town

The best thing about my home town is our Chocolate Museum. It is part of the big and famous chocolate factory located in my home town.
In the museum you learn about how chocolate is made. Moreover, the museum offers "chocolate workshops" in which children and teenagers can create their own chocolate. You can even take the chocolate home and eat it. This is really why the museum is the best thing about my home town.
In fact, the museum is well known even far beyond my home town, and a lot of people think it is one of the greatest tourist attractions in our region.

Write a text about the picture

In the picture there is a short-haired young boy in a white T-shirt with a logo printed on its front. He is holding a cornet with about 10 ice-cream scoops placed on top of each other.
The boy's mouth is wide open and both his eyes are focused on the top of the scoops. The expression on his face reflects excitement and worry, probably, because he is afraid that he may not be able to keep balancing the scoops and that they might soon fall to the ground. In fact, this is what will possibly happen next.

A. Listening Comprehension

Part 1: Message on an answering machine

train.
8:15 pm.
restaurant.

Part 2: Conversation

Text 1: At the restaurant

1. ☑ for Veronica and Dale.
2. ☑ the steak pie
3. ☑ Veronica has a busy day tomorrow.
4. ☑ knife.

Text 2: Conversation in the restaurant

1. ☑ prepared the presentation.
2. ☑ Wednesday to Monday.
3. ☑ warm and light clothes.
4. ☑ a colleague is ill.

Part 3: Survey

Roman	David	Christian	Beth	Jenna	Leroy	Tess
H	E	A	C	B	G	F

Part 4: Phone call

date: 29th August
time: 8 (pm)
number of people: 7
occasion: (Dad's) birthday (party)
last name: Cunningham
phone number: 01293 784 829
entertainment: magic show / clown / fire eater

B. Reading Comprehension

1. National park rangers

a) **Match the correct headings.**

part of the text	1	2	3	4	5	6
heading	**D**	**G**	**B**	**E**	**C**	**A**

b) **Answer the questions.**

1. Because it shows some of America's most beautiful and historic places.
2. They are amazed at the canyon's size and colours.
3. the National Park Service symbol on the sleeve / flat hat / hiking boots
4. radio / first-aid kit / water / snacks / sunscreen
5. He or she has to stay calm.

2. Festivals around the world

a) **Find the correct meaning.**

☑ once – sobald
☑ pour – schütten

- honour – ehren / gedenken
- release – zu Wasser lassen / losschicken
- season – Saison
- attracts – (an)locken
- match – anpassen (an) / in Übereinstimmung bringen (mit)

b) **Fill in the correct places.**

Where do people	colour each other?	**India**
	celebrate Caribbean traditions?	**London**
	celebrate the Jives of the deceased?	**Mexico**
	play and make a mess with drinks?	**Haro**
	enjoy some jokes?	**Montreal**
	have "vegetable-battles"?	**Buñol**

C. Use of Language

1. Mediation

a) **Say it in German.**

- ▶ Der Berg „Mount Washington“ ist 1917 Meter hoch.
- ▶ Vom Gipfel kann man den Bundesstaat Vermont / New York / den Atlantik sehen.
- ▶ Auf dem Gipfel kann man viele historische Gebäude / ein Besucherzentrum / ein Museum besichtigen.
- ▶ Die Fahrt dauert 30 Minuten.
- ▶ Die Straße, die zum Gipfel führt, ist sehr steil und eng.
- ▶ In der geführten Tour sind die Hin- und Rückfahrt zum und vom Gipfel, viele Informationen von einem erfahrenen Fahrer sowie ein 60-minütiger Aufenthalt auf dem Gipfel inbegriffen.
- ▶ Ein Ticket für einen Erwachsenen kostet 36 Dollar.
- ▶ Fahrräder sind auf der Straße, die zum Gipfel führt, nicht erlaubt.

b) **Say it in English.**

Situation 1:

1. Excuse me, would you be so kind as to help me, please? You see, I have left my backpack in one of your buses today.
2. Oh, that's great. I am really glad about that. Could you give me the address of your Lost Property Office, please?

Situation 2:

1. Good morning Sir. Could you tell me if someone has found a backpack on one of your buses and handed it over to your Office?
2. My backpack is blue and it has black straps.
3. There was a guidebook and a small umbrella in my backpack.

2. Words and structures

Fill in the gaps.

that – first – observed – with – zoo's – there – closed – on – numbers – past

D. Text Production

Superhero

My superhero is a snow-white owl that always sits on my shoulder. I can see it but it is invisible to everyone else. It has two magical powers. First, it can transport me to any place on this planet within minutes. Second, its brain is like a supercomputer because it can answer almost any question. In dangerous or unpleasant situations it can just fly me somewhere else. And at school it helps me to get the best marks in every subject.

Write a text about the picture.

A woman, her teenage son and her young daughter are lying on a set of linked chairs in an airport building. They are all asleep, with both the mother's and daughter's heads resting on pillows and the son lying on his mother's legs. There are some bags, toys and snacks on and around the chairs. The woman and her children are probably waiting for the call to board a plane taking them to a holiday destination. Probably boarding for their flight will soon be announced and they will walk to their gate.

A. Listening Comprehension

Part 1: Message on an answering machine

garage.
Harry Truman's application for a work experience placement.
Monday.

Part 2: Conversations

Text 1: At the youth hostel

1. ☑ seven days
2. ☑ save them 10%
3. ☑ breakfast and an evening meal
4. ☑ vegetarian food

Text 2: Making plans

1. ☑ Buckingham Palace
2. ☑ Madame Tussauds
3. ☑ tube
4. ☑ use bicycles

Part 3: Survey

Mrs Smith	Peter	Mr Gear	Sandra	Alice	Mrs Hall	George
B	D	A	C	F	H	G

Part 4: Phone call

date: September 29th
room type: single
number of nights: five
last name: Gonzalez
nationality: American
phone number: 001 202 555 0124
special request: (reserve a) space for her rental bike in the bicycle garage

B. Reading Comprehension

1. Pocahontas

a) **Match the correct headings.**

part of the text	1	2	3	4	5	6
heading	C	F	E	A	G	D

b) **Answer the questions.**

1. around (the year) 1595
2. to make a fire / to search for food like berries and nuts / to cook
3. (She was) 12 / twelve (years old).
4. (Because) she had fallen in love with (the tobacco farmer) John Rolfe.
5. (She) went to fabulous parties / dressed in fancy clothes / met John Smith / met King James I.
6. She became very sick.
7. She managed to connect two different cultures.

2. Your digital footprint

a) **Find the correct meaning.**

- ☑ hard – schwer
- ☑ mean – bedeuten
- ▶ content – Inhalt
- ▶ letters – Buchstaben
- ▶ way – Weg / Möglichkeit / Art (und Weise)
- ▶ raise – sammeln / beschaffen / besorgen
- ▶ skill – Fertigkeit / Fähigkeit

b) **Fill in the correct tips.**

Which tip tells you to	think about what you post?	**4**
	help others?	**5**
	search for your name?	**1**
	delete old accounts?	**6**
	check your privacy settings?	**2**

C. Use of Language

1. Mediation

a) **Say it in German.**

- Alltagskultur, z. B. Märkte, Bäckereien, Pubs, Restaurants, historische Stätten, alte, von Franzosen gebaute Häuser, versteckte Synagogen, alte römische Friedhöfe, schöne Street Art
- (Man läuft die ganze Zeit) zu Fuß.
- (geistreiche und kenntnisreiche) Einheimische
- vier / 4 Stunden
- 80 Pfund
- sieben / 7
- Nachspeisen, Käse, Backwaren, gesalzene Karamellküchlein
- (Laut Broschüre sind es) kleine Gruppen.
- Jeden Tag außer sonntags, immer um 10 Uhr morgens

b) **Say it in English.**

Situation 1:

(1) No, thank you. I'll set the alarm clock of my mobile / smartphone.
(2) I am not usually hungry in the mornings. I'd just like some juice, please.

Situation 2:

(1) I do not, I'm afraid. I have a headache and I feel a bit sick.
(2) No, there isn't, thank you. I guess I just need some rest.
(3) Do you mind if I lie down in the car for a (little / short) while?

2. Words and structures

Fill in the gaps.

have – everywhere – their – position – has rained – menu – because – of – expect

D. Text Production

My favourite store

My favourite store is located in our shopping centre and it is called "Global Sweet Tooth". I am extremely fond of the sweets they sell there because those sweets come from all over the world. For example, they offer delicious Belgian waffles and chocolate as well as a huge variety of Dutch liquorice. Last but not least, I simply cannot resist their Turkish baklava, which I am going to buy today. I can recommend the store to my friends because it is really thrilling to try new and sometimes exotic sweets from many different countries.

Write a text about the picture.

A man and a woman, who are probably in their 40s, as well as three teenage girls are sitting on a bench in front of a brick wall. One girl is sitting on the right, one on the left and one in the middle, with each of the two adults sitting in between. Each of the two adults and the three girls are holding one or more pieces of cake in their hands. The girl in the middle is lifting her hand with the piece of cake in it up to the man's face. He is bending towards her, with his mouth wide open. They are all laughing heartily. What may happen next is that the man will – successfully or unsuccessfully – use his teeth to snatch the piece of cake straight from the girl's hand.

A. Listening Comprehension

Part 1: Voice mail message

... cousin.
... 3:30 / half past three / 15:30 / three thirty
... sandwich ...

Part 2: Conversations

Conversation 1: Preparing for Hal's visit

1. ☑ is tall and has blond hair.
2. ☑ ten days.
3. ☑ go walking in the country.
4. ☑ in Susie's room.

Conversation 2: Meeting Hal

1. ☑ Hal wore headphones and fell asleep.
2. ☑ sunny.
3. ☑ made with cream.
4. ☑ is a dish with sausages.

Part 3: Survey

Cindy	Rachel	Philip	Harry	Vicki	Kim	Carmen
D	A	H	E	F	B	G

Part 4: Emergency phone call

street:	Wedgnock Street
extra detail about location:	bus stop in front of house
phone number:	07911 8870359
injury:	broken leg
how it happened:	fell off a ladder
patient's age:	71 (years)
instructions:	(He/Granddad) must not be moved.

B. Reading Comprehension

1. Nelson Mandela

a) **Match the correct headings.**

part of the text	1	2	3	4	5	6
heading	E	B	G	F	C	A

b) **Answer the questions.**

1. Rolihlahla
2. better lives / good jobs / good schools / good hospitals / nice homes
3. equal rights for whites and blacks
4. in 1956
5. They ended apartheid.
6. in his book *Long Walk to Freedom*

2. Valentine traditions around the world

a) **Find the correct meaning.**

- ☑ patterns – Muster
- ☑ afford – sich etwas leisten
- ▶ add – hinzufügen; (hier auch möglich: dazuschreiben)
- ▶ kinds – Arten (von)
- ▶ express – ausdrücken / zum Ausdruck bringen
- ▶ carve – schnitzen / hineinschnitzen
- ▶ benefit – Nutznießer sein (von) / Nutzen ziehen aus / zugute kommen / von etw. profitieren

b) **Fill in the correct countries.**

Which country celebrates	with mass weddings?	**Philippines**
	by giving cutlery?	**Wales**
	by presenting two kinds of chocolate?	**Japan**
	by writing anonymous cards?	**Denmark**
	with a carnival?	**Brazil**

C. Use of Language

1. Mediation

a) **Say it in German.**

- Wir brauchen noch einen Hundepass vom Tierarzt. Außerdem muss die Entwurmungsbehandlung mindestens einen und höchstens fünf Tage vor der Einreise durchgeführt worden sein.
- Charly wird zusammen mit anderen Hunden in einem sogenannten „Hundehotel" untergebracht sein.
- Wir können zu Hause mal testen, wie er auf Wasser reagiert, z. B. auf einem See oder Teich bei uns in der Nähe. Wenn er dabei seekrank wird, kann ihm unser Tierarzt Medikamente geben.
- Man soll darauf achten, seine Hunde niemals alleine im Auto zu lassen.
- Normalerweise gibt es Ausnahmen für leichtgewichtige Hunde oder für Assistenzhunde.
- Hier steht, dass Billigfluggesellschaften wie EasyJet und Ryanair überhaupt keine Hunde an Bord erlauben.
- In der U-Bahn werden Hunde kostenlos transportiert und sie brauchen auch kein Ticket.
- Es muss genug Platz vorhanden sein. Hunde dürfen nicht als Bedrohung empfunden werden. Sie müssen entweder an der Leine sein oder in einer Hundebox transportiert werden. Hundebesitzer müssen ihre Hunde während der gesamten Fahrt unter Kontrolle haben.

b) **Say it in English.**

Situation 1:

(1) Can I weigh my suitcase, please? I just hope it doesn't weigh more than 23 kg.
(2) I'll take some things out of the suitcase and put them in my rucksack.

Situation 2:

(1) May I put my suitcase in the boot, please?
(2) To the airport. Would you drop me off at entrance B, please? / I would like to get off at entrance B.
(3) Thanks for the ride and keep the change.

2. Words and structures

Fill in the gaps.

became – main – sends – couple – than – doesn't – people – his – moves – at – falls

D. Text Production

A new school club

My suggestion is a club called "Gardening". Behind our gym there is a small plot of unused land which could be used for gardening. In the club students can grow vegetables and fruits, thus learning a lot about plants. Mr Cusack could teach the club. He is a Biology and Food Technology teacher and knows a lot about anything to do with plants and foodstuff. In my view, this club is important because everyone should know about basic food production and preparation.

Write a text about the picture.

In the picture you can see a woman, who is presumably in her thirties. She is running after a young boy aged around 7 or 8 years. The boy is playing with a football and the two of them are obviously having fun together because they are both laughing. It is probably autumn because they are both dressed in warm clothes and there are lots of leaves lying scattered on the ground. They may be in a garden, a forest or a park, for they are surrounded by bushes. What might happen next is that the boy will kick the ball into the bushes.

Notizen